中等职业学校职业指导丛书

中等职业学校职业指导丛书编写组 编

北京理工大学出版社
BEIJING INSTITUTE OF TECHNOLOGY PRESS

内 容 提 要

本书是根据各省、自治区、直辖市教育厅（教委），各计划单列市教育局，新疆生产建设兵团教育局报送教育部的中等职业学校毕业生就业统计数据以及教育部对部分地区中等职业学校毕业生就业质量抽样调查进行的统计分析报告，比较全面、客观地分析了中等职业学校毕业生就业情况、特点及趋势，为了解中等职业学校毕业生就业情况提供了翔实的信息资料和咨询依据。

本书对于各级政府教育行政部门、职业院校管理者、职业教育研究人员、相关用人单位以及社会各界关心职业教育的人士了解中等职业学校毕业生就业情况具有重要的参考价值。

图书在版编目(CIP)数据

中国中等职业学校毕业生就业分析报告.2006～2012年 /《中等职业学校职业指导丛书》编写组编.—北京：北京理工大学出版社，2013.10

(中等职业学校职业指导丛书)

ISBN 978-7-5640-8439-4

Ⅰ.①中… Ⅱ.①中… Ⅲ.①中等专业学校－毕业生－就业－调查报告－中国－2006～2012 Ⅳ.①G718.3

中国版本图书馆CIP数据核字(2013)第245873号

出版发行／北京理工大学出版社有限责任公司
社　址／北京市海淀区中关村南大街5号
邮　编／100081
电　话／(010)68914775(总编室)
82562903(教材售后服务热线)
68948351(其他图书服务热线)
网　址／http://www.bitpress.com.cn
经　销／全国各地新华书店
印　刷／北京市兆成印刷有限责任公司
开　本／710毫米×1000毫米 1/16
印　张／12
字　数／247千字
版　次／2013年10月第1版 2013年10月第1次印刷
定　价／24.00元

责任编辑／申玉琴
文案编辑／申玉琴
责任校对／周瑞红
责任印制／边心超

编写组名单

顾问：鲁　昕（教育部副部长）

　　　葛道凯（教育部职业教育与成人教育司司长）

主编：王继平

编委：（按姓氏笔画排序）

　　　文春帆　邬　跃　刘鑫鑫

　　　许　翔　孙号龙　张文峰

　　　柳君芳　董振华

PREFACE 前言

就业是民生之本。中等职业学校毕业生就业状况是反映职业教育办学水平、培养质量、社会声誉的重要指标，也是关系经济发展、社会和谐、民生改善的基础数据，一直深受社会各界关注。

从2006年起，教育部建立了中等职业学校毕业生就业情况统计和公告制度，每年对上一年度各省、自治区、直辖市，各计划单列市，新疆生产建设兵团中职毕业生就业情况进行统计和发布，对部分地区毕业生就业质量进行抽样调查。本报告所用数据及资料均来源于教育部此专项统计和调查。

报告分为四篇：第一篇2012年全国中等职业学校毕业生就业情况，是对全国中等职业学校毕业生就业情况进行的汇总分析；第二篇2012年中等职业学校毕业生就业质量抽样分析报告，是对10个地市中等职业学校毕业生就业质量抽样进行的分析；第三篇2012年各省(区、市)中等职业学校毕业生就业状况，是对各地中等职业学校毕业生就业情况进行的分析；第四篇汇编了2006—2011年全国中等职业学校毕业生就业情况。

本报告由中等职业学校职业指导丛书编写组组织编撰，由教育部职业技术教育中心研究所所长王继平同志任主编。成都市教育科学研究院文春帆同志，职业教育与成人教育司德育工作与职业指导处邬跃、董振华、刘鑫鑫、许翔、孙号龙同志以及教育部职业教育研究所研究员柳君芳同志和北理大学出版社张文峰同志参与编写。报告的编写得到了教育部副部长鲁昕同志、教育部职业教

PREFACE

育与成人教育司司长葛道凯同志的关心和指导。北京理工大学出版社为本书的出版提供了大力支持。在此，谨向所有提供支持和帮助的各界人士致以衷心感谢。

本报告作为中等职业学校职业指导丛书之一，比较全面地反映了近年来中等职业学校毕业生就业总体情况、主要特点和变化趋势，期望能为从事职业教育管理、教学和研究工作以及所有关心职业教育的人士提供帮助。

中等职业学校职业指导丛书编写组

统计指标说明

1. 中等职业学校包括普通中等专业学校、职业高级中学、技工学校和成人中等专业学校。

2. 毕业生人数：是指上学年具有学籍的学生学完教学计划规定的全部课程、考试及格并取得毕业证书、实际毕业的学生数。

3. 就业学生人数：是指在各种所有制企事业单位就业，合法从事个体经营以及升入各类上一级学校的毕业学生数。合法从事个体经营学生中包括回乡从事农业生产、经营的学生。

4. 就业率：是指就业学生人数与毕业学生人数之比，即（就业学生人数/毕业学生人数）×100%。

5. 学生巩固率=（毕业人数/毕业年级入学时人数）×100%。

6. 对口就业率=（对口就业人数/毕业人数）×100%。

7. 本地就业：指在学生户籍所在省（区、市）行政区内就业。

8. 异地就业：指在学生户籍所在省（区、市）行政区以外的中国境内就业。

9. 就业渠道：学校推荐是指学生通过学校直接与企、事业等用人单位联系，由学校推荐就业；中介介绍是指学校通过中介组织或毕业生通过中介组织联系就业；其他渠道是指学校推荐、中介介绍以外的其他就业渠道。

10. 产业划分：第一产业是指农、林、牧、渔业；第二产业是指采矿业，制造业，电力、燃气及水的生产和供应业，建筑业；第三产业是指除第一、二产业以外的其他行业，包括交通运输、仓储和邮政业，信息传输、计算机服务和软件业，批发和零售业，住宿和餐饮业，金融业，房地产业，租赁和商务服务业，科学研究、技术服务和地质勘查业，水利、环境和公共设施管理业，居民服务和其他服务业，教育、卫生、社会保障和社会福利业，文化、体育和娱乐业，公共管理和社会组织，国际组织。

11. 升入高一级学校的学生数在就业去向不同分组中分别归入第三产业、本地、学校推荐。

12. 城区、镇区、乡村就业采用教育统计口径。城区含主城区、城乡接合部；镇区含镇中心区、镇乡接合部、特殊区域；乡村含乡中心区、村庄。

13. 就业合同包括就业协议、劳动合同。

14. 劳动保险包括“三险一金”和“五险一金”。“三险一金”包括养老保险、失业保险、医疗保险、住房公积金；“五险一金”包括养老保险、失业保险、医疗保险、工伤保险、生育保险、住房公积金。国家规定用人单位与员工签订劳动合同、依法缴纳社会保险（五险）。由于各地落实国家社会保险政策的程度不同，在具体操作中仍然保留“三险”的执行办法。

15. 专业类别为《中等职业学校专业目录（2010年修订）》（以下简称《目录》）划分的19个专业类别。各专业就业情况依据《目录》归入相关专业类别中予以统计。在《目录》中取消的专业就业情况按照《目录》新旧专业对照表归入对应专业类别中予以统计。

16. 各年度数据统计的截止时间为当年的9月1日。

目录

CONTENTS

CONTENTS

第一篇

2012 年
全国中等职业学校毕业生就业情况

一、总体情况

2012年，全国中等职业学校毕业生总数为658.21万人，就业学生数为637.51万人，就业率为96.85%。

其中，普通中专、职业高中、成人中专三类学校毕业生为5 379 952人，就业学生数为5 205 434人，就业率为96.76%；技工学校毕业生数为120.21万人，就业学生数为116.97万人，就业率为97.30%[①]。（以下具体分析中不包括技工学校数据，数据取至小数点后两位）

（一）就业去向

普通中专、职业高中、成人中专520.54万就业学生中，到各种所有制企、事业单位的有392.50万人，占全部就业学生的75.40%；合法从事个体经营的有67.65万人，占13.00%；升入高一级学校就读的有60.39万人，占11.60%。

（二）产业分布

从事第一产业的毕业生数为46.53万人，占全部就业学生的8.94%；从事第二产业的为173.89万人，占33.41%；从事第三产业的为300.12万人，占57.65%。

（三）就业地域

就业地域分为本地、异地和境外。本地就业的毕业生数为363.00万人，占全部就业学生的69.74%；异地就业的为156.37万人，占30.04%；境外就业的为1.17万人，占0.22%。

（四）就业渠道

通过学校推荐就业的毕业生数为403.26万人，占全部就业学生的77.47%；通过中介介绍就业的为36.54万人，占7.02%；通过其他渠道就业的为80.74万人，占15.51%。

二、各专业大类就业情况

根据《中等职业学校专业目录（2010年修订）》确定的19个专业类别，各专业大类的就业情况，见图1-1、图1-2、图1-3、表1-1。

① 技工学校毕业生数据由人力资源社会保障部协助提供，特此致谢。

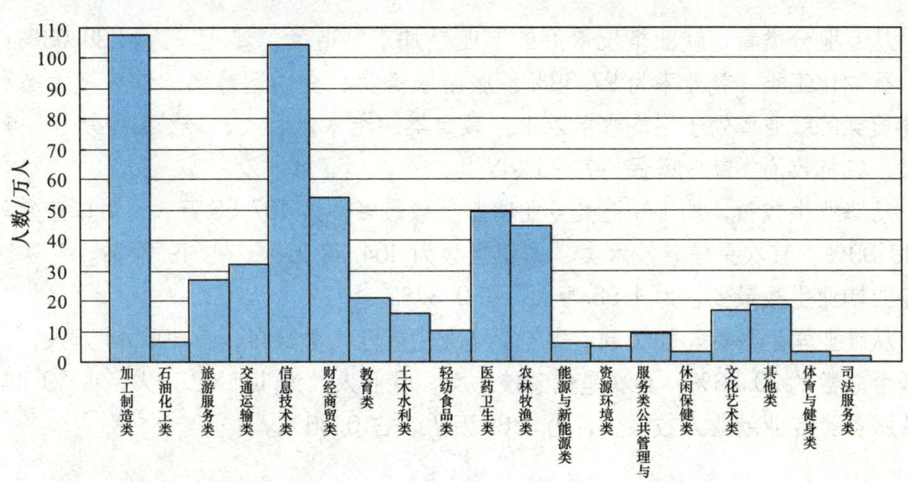

图 1-1　全国中等职业学校各专业大类毕业生人数

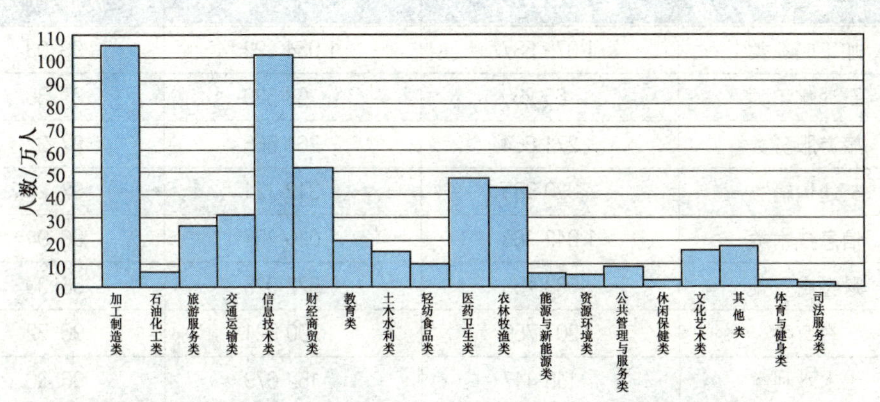

图 1-2　全国中等职业学校各专业大类毕业生就业人数

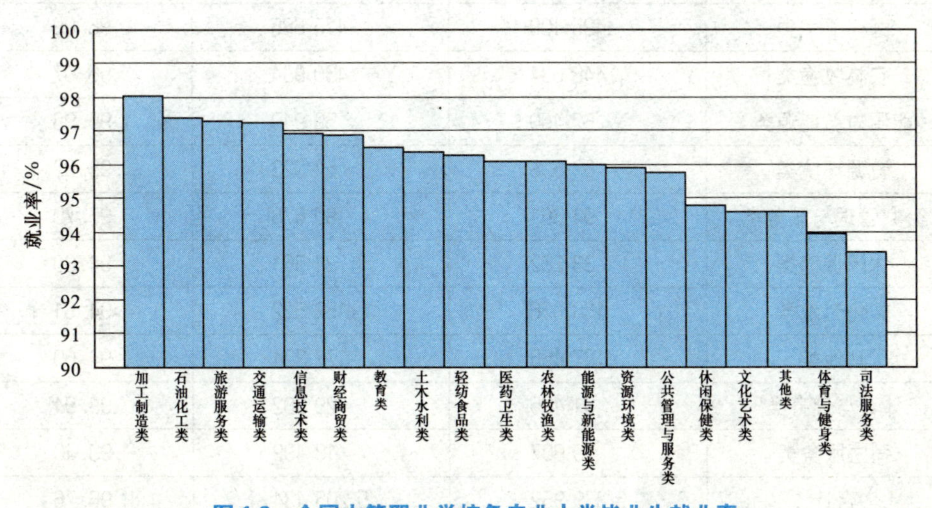

图 1-3　全国中等职业学校各专业大类毕业生就业率

从专业分类看，就业情况最好的专业是加工制造类，就业率达到98.03%；其次是石油化工类，就业率为97.38%；旅游服务类、交通运输类、信息技术类和财经商贸类的就业率处于平均水平以上；教育类、土木水利类、轻纺食品类、医药卫生类、农林牧渔类就业率保持在96%以上。

从毕业生数看，加工制造类专业毕业生数最多，为107.56万人，占毕业生总数的19.99%；其次是信息技术类，毕业生数为104.22万人，占19.37%。司法服务类专业毕业生数最少，为1.98万人，占0.37%。

从就业学生数看，加工制造类专业毕业生就业人数最多，为105.44万人，占就业学生总数的20.26%；其次是信息技术类，就业人数为101.03万人，占19.41%。司法服务类专业就业人数最少，为1.85万人，占0.36%。

表1-1

专业类别	毕业生数/人	就业人数/人	就业率/%
加工制造类	1 075 587	1 054 392	98.03
石油化工类	65 250	63 539	97.38
旅游服务类	271 864	264 565	97.32
交通运输类	320 985	312 121	97.24
信息技术类	1 042 183	1 010 257	96.94
财经商贸类	538 753	522 025	96.90
教育类	207 750	200 521	96.52
土木水利类	158 447	152 679	96.36
轻纺食品类	104 196	100 307	96.27
医药卫生类	495 109	475 685	96.08
农林牧渔类	448 634	430 994	96.07
能源与新能源类	62 450	59 940	95.98
资源环境类	53 508	51 323	95.92
公共管理与服务类	94 661	90 678	95.79
休闲保健类	33 292	31 561	94.80
文化艺术类	168 616	159 522	94.61
其他类	187 455	177 324	94.60
体育与健身类	31 405	29 502	93.94
司法服务类	19 807	18 499	93.40
合计	5 379 952	5 205 434	96.76

三、各地就业情况

各地就业情况见图 1-4、图 1-5、图 1-6，表 1-2。

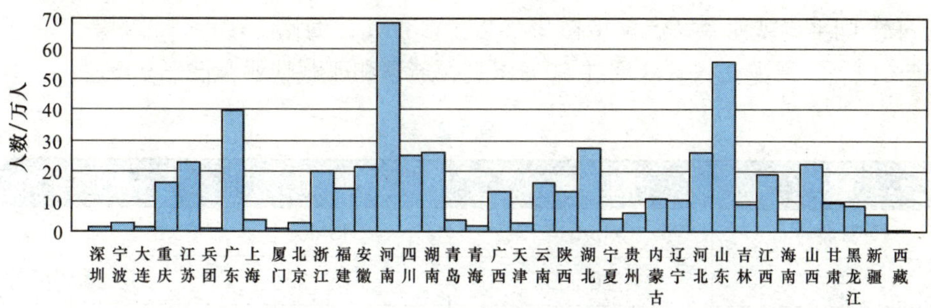

图 1-4　各地中等职业学校毕业生人数

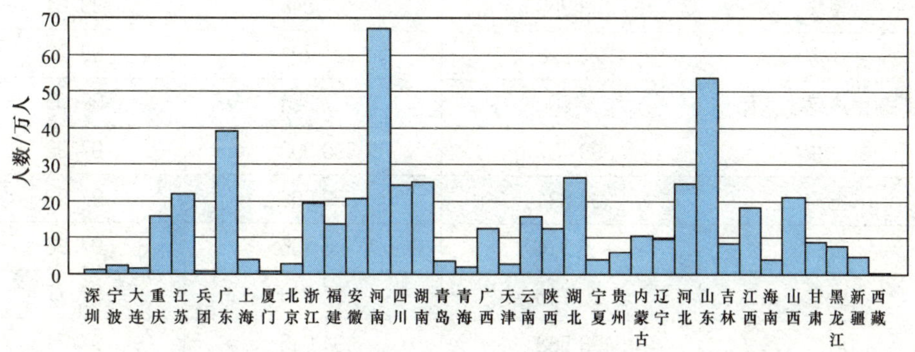

图 1-5　各地中等职业学校毕业生就业人数

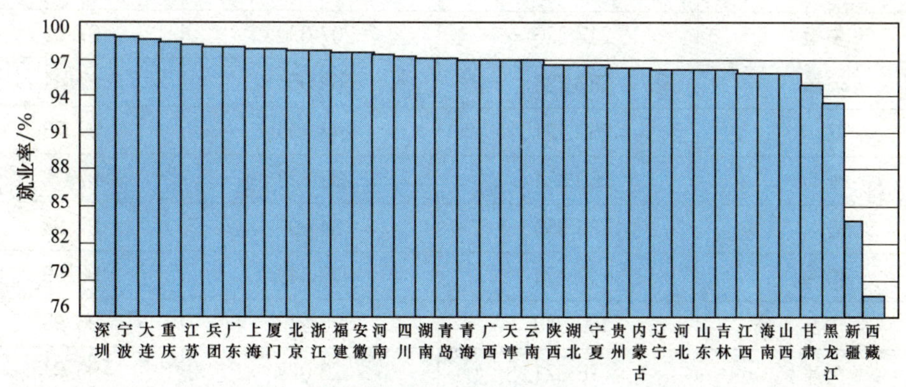

图 1-6　各地中等职业学校毕业生就业率

从各地情况看，深圳、宁波、大连、重庆、江苏和新疆生产建设兵团等就业率超过 98%，其中，深圳市 98.93%、宁波市 98.78%、大连市 98.69%、重庆市

98.54%、江苏省 98.20%、新疆生产建设兵团 98.05%。除以上 6 个地区外，广东、上海、厦门、北京、浙江、福建、安徽、河南、四川、湖南、青岛、青海、广西、天津、云南等地毕业生就业率高于全国平均水平。

陕西、湖北、宁夏、贵州、内蒙古、辽宁、河北、山东、吉林等地毕业生就业率低于全国平均就业率，但保持在 96% 以上。江西、海南、山西、甘肃等地就业率在 95% 以上，黑龙江省就业率在 90% 以上，新疆和西藏就业率低于 90%。

表 1-2

地区	毕业生数/人	就业人数/人	就业率/%
深圳	13 614	13 468	98.93
宁波	26 230	25 909	98.78
大连	15 642	15 437	98.69
重庆	159 368	157 048	98.54
江苏	224 828	220 791	98.20
新疆生产建设兵团	7 500	7 354	98.05
广东	398 437	390 393	97.98
上海	39 834	39 008	97.93
厦门	8 314	8 136	97.86
北京	27 716	27 098	97.77
浙江	198 563	194 015	97.71
福建	142 754	139 235	97.53
安徽	212 326	207 070	97.52
河南	687 786	669 960	97.41
四川	250 121	243 195	97.23
湖南	260 034	252 533	97.12
青岛	35 950	34 901	97.08
青海	19 124	18 549	96.99
广西	130 349	126 412	96.98
天津	28 921	28 028	96.91
云南	162 754	157 491	96.77
陕西	131 924	127 401	96.57
湖北	272 883	263 332	96.50

续表

地区	毕业生数/人	就业人数/人	就业率/%
宁夏	42 700	41 200	96.49
贵州	63 020	60 775	96.44
内蒙古	109 495	105 558	96.40
辽宁	103 181	99 340	96.28
河北	258 638	248 809	96.20
山东	557 025	535 738	96.18
吉林	89 817	86 378	96.17
江西	190 751	182 988	95.93
海南	44 360	42 555	95.93
山西	220 682	211 289	95.74
甘肃	95 837	91 045	95.00
黑龙江	84 330	78 767	93.40
新疆	58 732	49 241	83.84
西藏	6 412	4 987	77.78
合计	5 379 952	5 205 434	96.76

与2011年相比，2012年中等职业学校毕业生就业呈现以下特点：

1. 去向多元，升学比例提高

普通中专、职业高中、成人中专的520.54万名就业学生中，到各种所有制企、事业单位的有392.50万人，占全部就业学生的75.40%；合法从事个体经营的有67.65万人，占13.00%；升入高一级学校就读的有60.39万人，占11.60%。与2011年相比，2012年继续升学的比例增加了2.22%。这从一个侧面表明，中等职业教育与高等职业教育的政策衔接不断优化，职业教育学生成长“上升渠道”不断打通。

2. 分布合理，第三产业居首

伴随产业结构调整，中职毕业生就业的产业分布趋于合理。其中进入第一产业的中职毕业生有46.53万人，占全部就业学生的8.94%；进入第二产业的有173.89万人，占33.41%；进入第三产业的有300.12万人，占57.65%。与2011年相比，2012年在第三产业就业的比例增长了约4%，在第二产业就业的毕业生人数比例下降约5%，这与当前产业结构的转型升级特别是传统制造业转型升级和现代服务业加速发展相一致。

3. 渠道多样，学校推介为主

2012年中等职业学校毕业生在本地就业的有363.00万人，占69.74%；异地就业的有156.37万人，占30.04%；境外就业的有1.17万人，占0.22%。通过学校推荐就业的有403.26万人，占77.47%；通过中介介绍就业的有36.54万人，占7.02%；其他渠道就业的有80.74万人，占15.51%。学校推荐仍是就业主渠道，但通过其他渠道就业的人数及比例逐年增加，毕业生就业渠道有所拓宽。

4. 专业优化，加工制造走俏

根据《中等职业学校专业目录（2010年修订）》确定的19个专业类别，加工制造类专业就业率最高，达到98.03%。其毕业生人数最多，为107.56万人，占毕业生总数的19.99%；就业人数也是最多，为105.44万人，占就业学生总数的20.26%。石油化工类就业率次高，达97.38%；旅游服务类、交通运输类、信息技术类和财经商贸类的就业率在平均水平以上；教育类、土木水利类、轻纺食品类、医药卫生类、农林牧渔类就业率保持在96%以上。

5. 总体向好，地区差距缩小

深圳、宁波、大连、重庆、江苏和新疆生产建设兵团等地就业率超过98%。广东、上海、厦门、北京、浙江、福建、安徽、河南、四川、湖南、青岛、青海、广西、天津、云南等地毕业生就业率高于全国平均水平。与2011年相比，就业率在98%以上的地区和高于全国平均水平96.85%的地区各增加1个，各地区就业差距整体呈缩小趋势。

从2012年各省市统计的中等职业学校的就业状况来看，中等职业学校毕业形势好于往年。

第二篇

2012 年
中等职业学校
毕业生就业质量抽样分析报告

一、总体情况

调查选取了河北省张家口市 16 所学校 9 259 名毕业生、江苏省扬州市 4 所学校 4 307名毕业生、浙江省宁波市 10 所学校 7 668 名毕业生、山东省青岛市 27 所学校 20 271 名毕业生、山东潍坊市 12 所学校 9 543 名毕业生、湖北武汉市 18 所学校 11 228名毕业生、湖南省株洲市 10 所学校 5 662 名毕业生、广东省惠州市 13 所学校 14 252 名毕业生、广西柳州市 4 所学校 3 002 名毕业生、四川省成都市 10 所学校 16 345名毕业生，合计抽样调查 124 所学校、101 537 名毕业生。

（一）抽样城市社会经济发展状况

在抽样调查的 10 个城市中，成都人口总量最多，为 1 417.8 万人，GDP 总量为 8 138.9亿元；宁波的人均 GDP 最高，为 85 413.01 元；青岛的财政收入最高，为 2 449.69亿元（见表 2-1）。其中，人均 GDP 排名前四位的是宁波、青岛、武汉和扬州（见图 2-1）。入学时具有城市户籍的学生为 28 321 人，占入学总人数的 27.89%；具有农村户籍的学生为 73 216 人，占 72.11%。除扬州外，其余 9 个城市的中等职业学校学生入学时为农村户籍的人数均超过 50%，潍坊达到 91.07%（见图 2-2）。

表 2-1

城市	人口总量①/万人	户籍人口②/万人	GDP③/亿元	人均 GDP⑤/元	财政收入④/亿元
宁波	763.9	577.7	6 524.7	85 413.01	1 536.5
青岛	871.51	769.56	7 302.11	83 786.78	2 449.69
武汉	1 012	821.71	8 003.82	79 089.13	2 093.68
成都	1 417.8	1 173.3	8 138.9	57 405.13	781
惠州	467.4	341.91	2 368	50 663.24	200.9
柳州	376.32	372.3	1 780.4	47 310.8	260.18
株洲	395.8	390.7	1 759.4	44 451.74	213.8
潍坊	921.61	878.87	4 012.43	43 537.18	306.1
张家口	439.38	468.41	1 233.67	28 077.52	214.15
扬州	446.72	458.42	2 933.2	65 660.82	554.51

注：①数据来源于各地方《2012 年第六次全国人口普查主要数据公报》；②③④数据均来自各地《2012 年国民经济和社会发展统计公报》，其中财政收入数据为一般地方财政预算收入；⑤人均 GDP 由 GDP 与人口总量的比值算得。

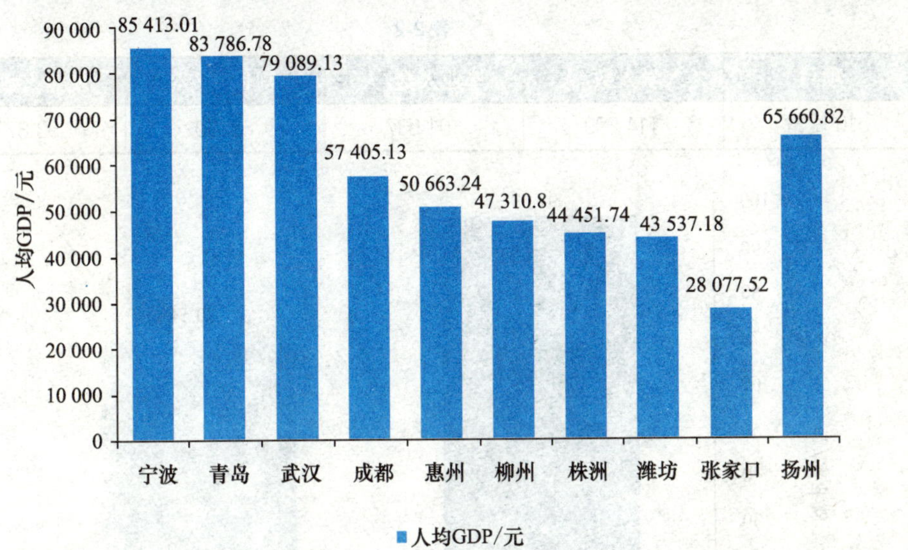

图 2-1　2012 年抽样调查 10 城市人均 GDP

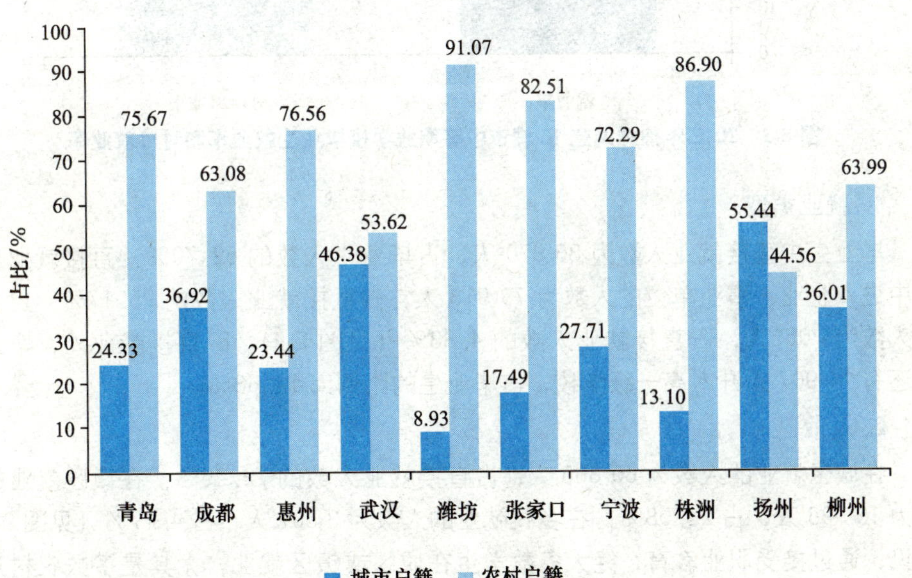

图 2-2　2012 年抽样调查 10 城市中等职业学校毕业生入学时的户籍情况

（二）主要指标

2012 年抽样调查 10 城市中等职业学校入学时学生人数为 114 099 人，毕业生总数为 101 537 人，学生巩固率为 88.99%；就业人数为 98 877 人，就业率为 97.38%；对口就业人数为 71 628 人，对口就业率为 70.54%（见表 2-2、图 2-3)。

表 2-2

项目	入学人数/人	毕业人数/人	巩固率/%	就业人数/人
10 城市	114 099	101 537	88.99	98 877

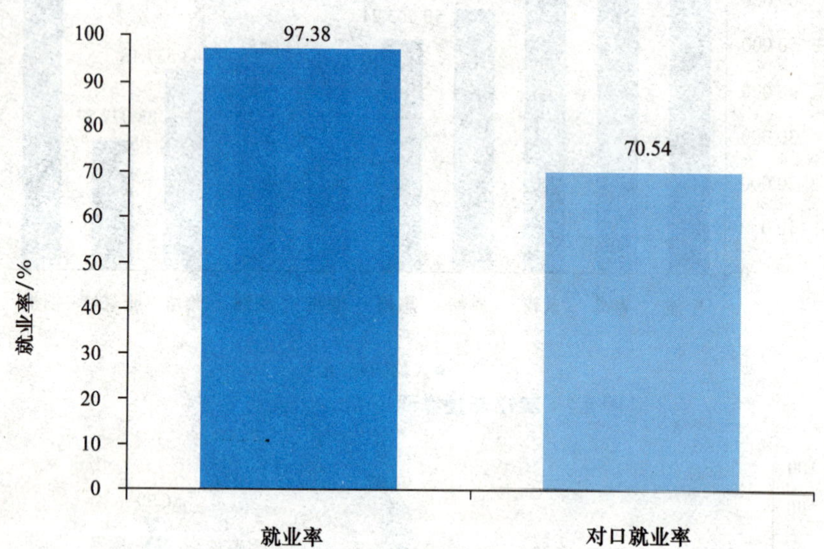

图 2-3　2012 年抽样调查 10 城市中等职业学校毕业生就业率和对口就业率

1. 就业类型

毕业生中直接就业人数为 83 970 人，占毕业生人数的 82.70%；直接就业毕业生中进入企业、事业单位的人数为 79 918 人，占直接就业人数的 95.17%；自主创业人数为4 052人，占直接就业人数的 4.83%（见图 2-4）。除直接就业外，毕业生中还有 14 907 人升入高一级学校，占毕业生的比例为 14.68%。

2. 就业区域

在城区就业的人数为 60 665 人，占直接就业人数的 72.25%；在镇区就业的人数为 19 798 人，占 23.58%；在乡村就业的人数为 3 507 人，占 4.17%（见图 2-5）。可见，通过接受职业教育，绝大多数学生在城区或镇区就业，尤其是多数农村户籍学生实现了到城镇就业。

3. 产业分布

毕业生中，在第一产业就业的人数为 6 555 人，占直接就业人数的 7.80%；在第二产业就业的人数为 34 141 人，占 40.66%；在第三产业就业的人数为 43 274 人，占 51.54%（见图 2-6）。中等职业学校学生就业以第二、第三产业为主，尤其是第三产业就业人数最多。

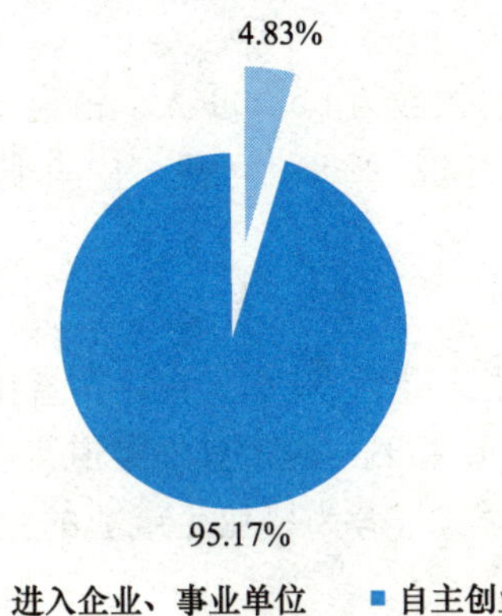

图 2-4　2012 年抽样调查 10 城市中等职业学校毕业生直接就业类型

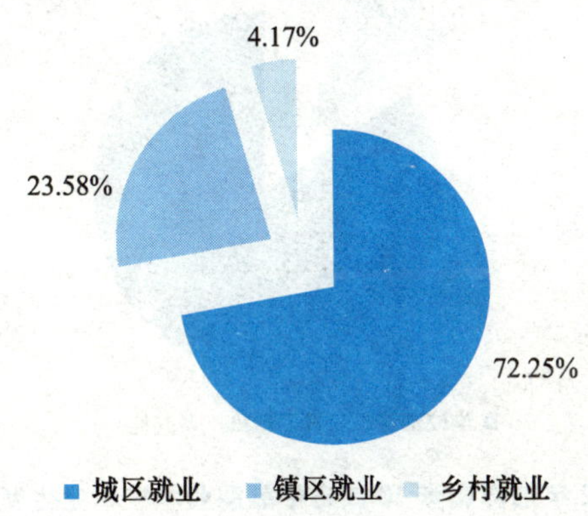

图 2-5　2012 年抽样调查 10 城市中等职业学校毕业生就业区域分布

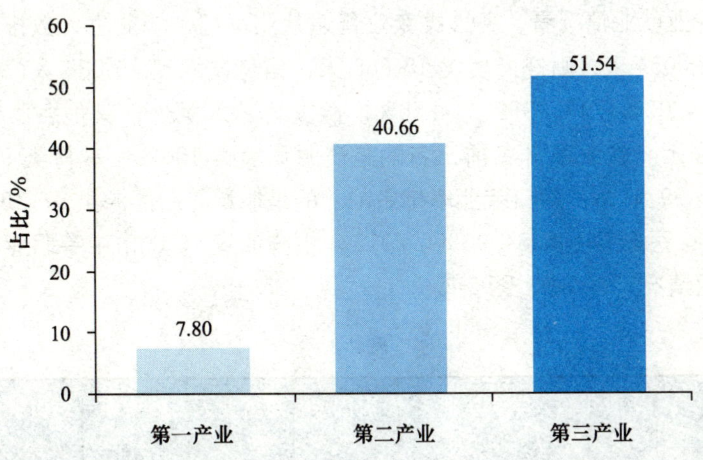

图 2-6　2012 年抽样调查 10 城市中等职业学校毕业生就业产业分布

4. 就业地域

毕业生中，在本地就业的人数为65 309人，占直接就业人数的77.78%；在外地就业的人数为18 661人，占22.22%。可见，中等职业学校毕业生仍然以本地就业为主。

5. 就业渠道

由学校推荐就业的毕业生人数为70 413人，占直接就业人数的83.86%；自主择业的人数为9 618人，占11.45%；通过其他渠道实现就业的人数为3 939人，占4.69%（见图2-7）。可见，学校推荐为毕业生就业的主渠道，通过其他渠道就业的人数比例较低。

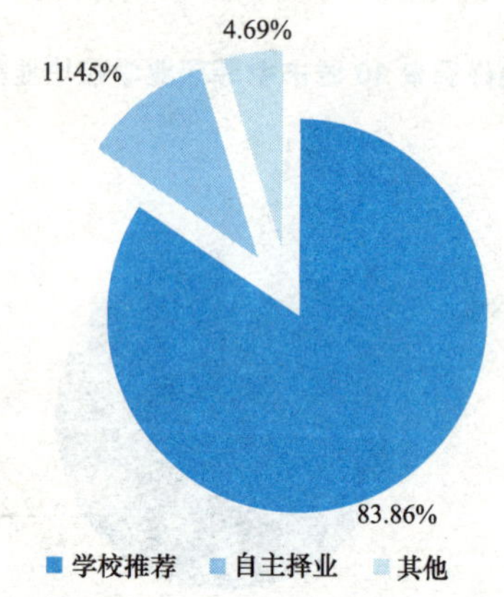

图2-7　2012年抽样调查10城市中等职业学校毕业生就业渠道情况

6. 分专业就业情况

从大类专业就业情况看，各大类专业普遍就业良好，毕业生人数排名前三的是加工制造类25 054人，财经商贸类18 688人，信息技术类15 088人，分别占毕业生总人数的24.07%、17.89%、14.56%。除文化艺术类外，其他各类专业的就业率均在94%以上。就业率排名前三名的是资源环境类100%、教育类99.43%、能源与新能源类99.41%；对口就业率排名前三的是能源与新能源类97.43%、石油化工类87.82%、医药卫生类84.96%。2012年抽样调查10城市中等职业学校各大类专业学生就业情况见表2-3、图2-8。

表2-3

性质	毕业年级入学时人数/人	毕业人数/人	巩固率/%	总就业人数/人	就业率/%	对口就业人数/人	对口就业率/%
加工制造类	28 252	25 054	88.68	24 445	97.57	18 927	75.54
财经商贸类	20 309	18 688	92.02	18 167	97.21	10 558	56.50

续表

性质	毕业年级入学时人数/人	毕业人数/人	巩固率/%	总就业人数/人	就业率/%	对口就业人数/人	对口就业率/%
信息技术类	16 776	15 088	89. 94	14 784	97. 99	10 253	67. 95
其他类	10 257	8 355	81. 46	8 115	97. 13	6 278	75. 14
旅游服务类	8 053	7 057	87. 63	6 817	96. 60	4 924	69. 77
交通运输类	7 189	6 573	91. 43	6 415	97. 60	5 335	81. 17
土木水利类	5 252	4 948	94. 21	4 857	98. 16	3 750	75. 79
教育类	5 516	4 927	89. 32	4 899	99. 43	3 884	78. 83
医药卫生类	3 485	3 171	90. 99	3 134	98. 83	2 694	84. 96
文化艺术类	2 640	2 328	88. 18	2 050	88. 06	1 081	46. 43
农林牧渔类	2 337	1 992	85. 24	1 875	94. 13	1 207	60. 59
能源与新能源类	1 328	1 013	76. 28	1 007	99. 41	987	97. 43
石油化工类	1 100	928	84. 36	922	99. 35	815	87. 82
公共管理与服务类	970	922	95. 05	910	98. 70	605	65. 62
轻纺食品类	311	257	82. 64	253	98. 44	173	67. 32
休闲保健类	291	204	70. 10	195	95. 59	156	76. 47
资源环境类	33	32	96. 97	32	100. 00	1	3. 13

注：体育与健身类、司法服务类无毕业生。

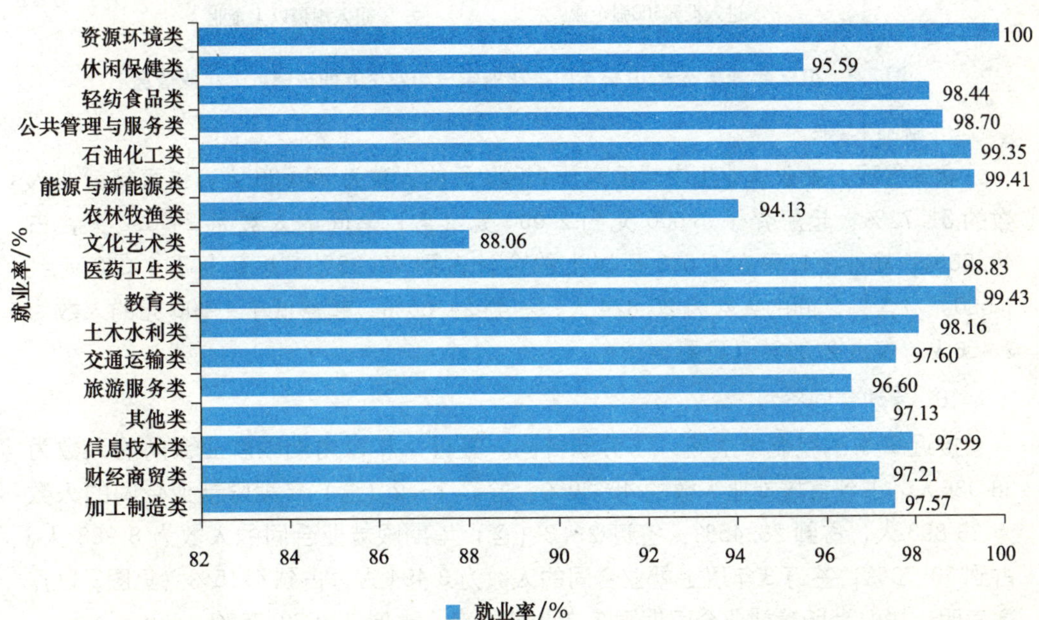

图 2-8　2012 年抽样调查 10 城市中等职业学校各大类专业学生就业率

7. 职业资格证书

全部毕业生中，95 999 人获得职业资格证书，占毕业学生总数的 94.55%。这表明绝大多数毕业生同时获得了职业资格证书，就业的毕业生几乎全部都持有相应职业资格证书。

8. 就业企业规模

进入规模以上企业的人数为 47 043 人，占直接就业人数的 56.02%；其中进入世界 500 强企业的人数为 11 454 人，占 13.64%（见图 2-9）。这表明超过一半的毕业生进入规模以上企业，但进入世界 500 强企业毕业生比例偏小。

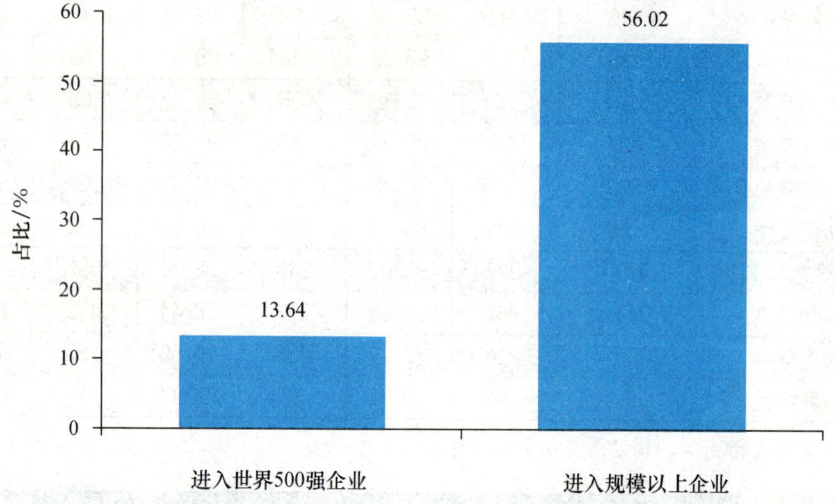

图 2-9　2012 年抽样调查 10 城市中等职业学校毕业生入职规模以上企业情况

9. 就业起薪

调查发现，就业毕业生中起薪高于 2 000 元的人数为 26 638 人，占直接就业人数的 31.72%；起薪介于 1 500 元到 2 000 元（含）之间的人数为 34 052 人，占 40.55%；毕业生起薪在 1 500 元以上的合计占到 72.28%；起薪介于 1 000 元到 1 500元（含）之间的人数为 20 824 人，占到 24.80%；起薪低于 1 000 元的人数为 2 456人，仅占 2.93%（见图 2-10）。

10. 劳动合同签订

接近 90%的就业学生签订了劳动合同。签订 1 年以内期限就业合同的人数为 38 036人，占到直接就业人数的 45.30%；签订 1～2（含）年期限就业合同的人数为 23 893 人，占到 28.45%；签订 2～3（含）年期限就业合同的人数为 8 988 人，占到 10.70%；签订 3 年以上就业合同的人数为 3 494 人，占到 4.15%（见图2-11）。这表明，毕业生所签就业合同期限多在 2 年以下，比例高达 73.75%。

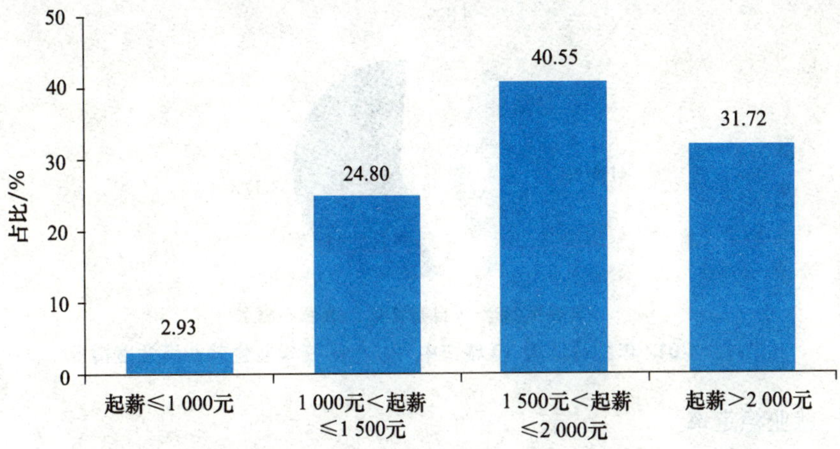

图 2-10 2012 年抽样调查 10 城市中等职业学校毕业生就业起薪情况

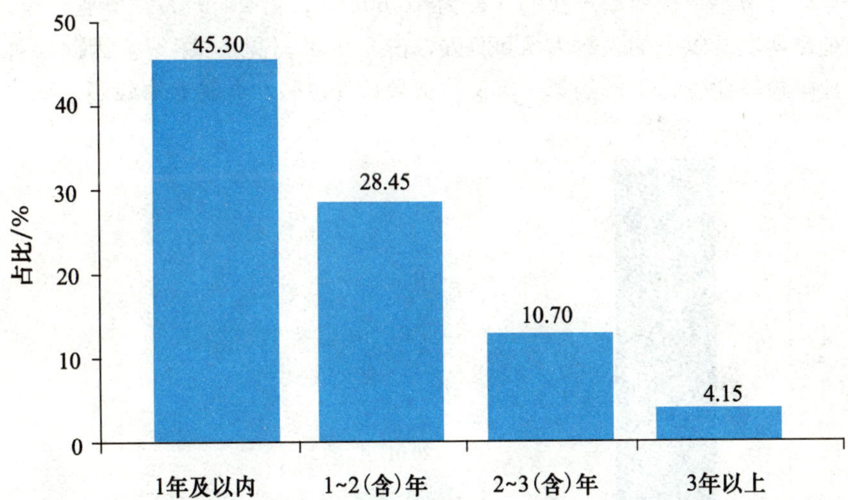

图 2-11 2012 年抽样调查 10 城市中等职业学校毕业生签订就业合同情况

11. 社会保障

就业毕业生中，享有“三险一金”的人数为 41 450 人，占到直接就业人数的 49.36%；享有“五险一金”的人数为 33 617 人，占到 40.03%，总计约九成就业学生享有社会保障。

12. 就业满意度

毕业生中，44 813 人认为就业很满意，占到直接就业人数的 53.37%；35 106人认为就业比较满意，占 41.81%；4 051 人认为就业不满意，仅占 4.82%（见图 2-12）。

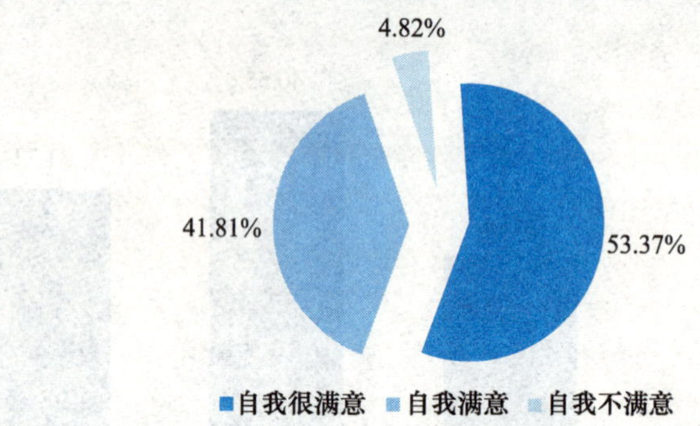

图 2-12　2012 年抽样调查 10 城市中等职业学校毕业生就业满意度情况

13. 就业稳定率

就业一年内岗位或单位无变动的人数为 55 594 人，占直接就业人数的 66.21%；毕业一年内岗位或单位变动一次的人数为 16 802 人，占 20.01%；毕业一年内岗位或单位变动两次及以上的人数为 7 522 人，占 8.95%（见图 2-13）。因此，可以说，中等职业学校毕业生在工作的第一年岗位或单位变动较小，稳定率较高。

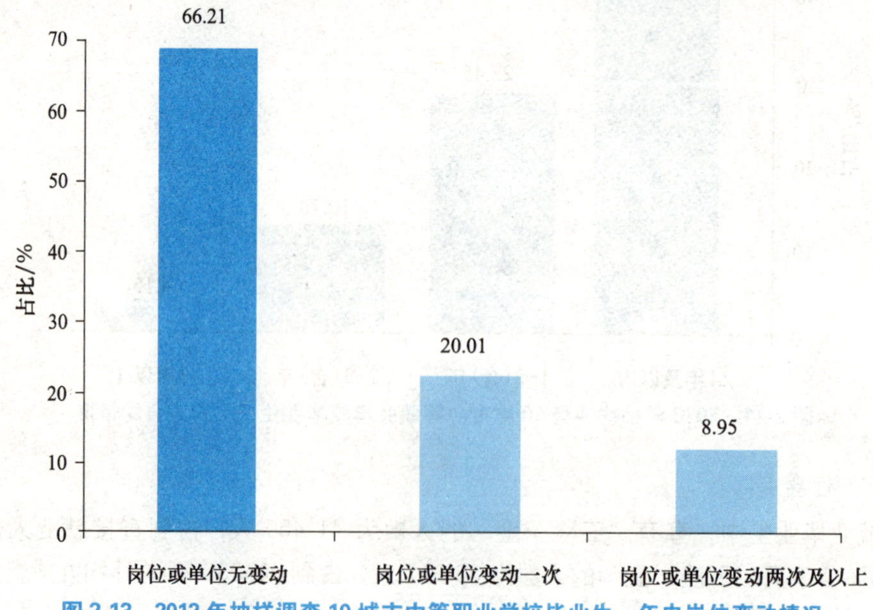

图 2-13　2012 年抽样调查 10 城市中等职业学校毕业生一年内岗位变动情况

（三）总体特点

2012 年中等职业学校毕业生就业状况呈现以下特点：

1. 中等职业学校毕业生总体就业率高，专业较为对口

调查发现，10 城市毕业生就业率高达 97.38%。其中，惠州和株洲的就业率在

98%以上。此外，宁波、成都、武汉、扬州的就业率在平均就业率之上，青岛、柳州、潍坊的就业率在 96%以上。大量毕业生进入生产服务第一线，成为产业劳动大军。同时，毕业生对口就业率平均为 70.54%，株洲等 5 城市中等职业学校毕业生的对口就业率高于平均对口就业率，其中株洲、柳州对口就业率超过 80%，分别为 88.80%和 82.71%，由此可见，中等职业教育为地方经济社会发展提供了强有力的人才支撑。

2. 中等职业学校毕业生就业有优势，创业有本领

目前，中等职业学校毕业生主要选择在各种企、事业单位就业，占就业总数的 95.17%，同时自主创业比例不断增加。在国家鼓励支持自主创业、自谋职业的政策支持下，自主创业成为一些城市中等职业学校毕业生重要的就业方式。

3. 本地就业仍是中等职业学校毕业生的主流选择

调查发现，中等职业学校毕业生中选择本地就业仍然是主流，近七成毕业生留在本地就业，占就业总数的 69.74%。其中，株洲中等职业学校毕业生进入设在当地的规模以上企业的比例为 77.19%，武汉中等职业学校毕业生进入世界 500 强企业比例为 25.25%。可见，中等职业学校为地方输送了大量留得住、用得上的技术技能人才，成为推动地方经济发展的重要力量。

4. 毕业生中进入第三产业人数最多

调查发现，毕业生中进入第一产业的占 7.8%、第二产业的占 40.66%、第三产业的占 51.54%，进入第三产业从业的比例高达五成以上。这表明，大量的中等职业学校毕业生活跃在酒店、餐饮、旅游、物流等生活服务业中，成为助推产业转型、结构调整的重要人才支撑。

5. 加工制造类是就业最热门专业

调查发现，毕业生进入第二产业的人数为 34 141 人，其中就业于加工制造类的为24 445人，占就业总人数的四分之一。加工制造类专业依然是各大类专业中就业人数最多、最具吸引力的专业。

6. 多数毕业生在城市就业

尽管毕业生中入学时来自农村的学生占 72.11%，但 95.83%就业学生就业地点为城区和镇区，其中城区就业的超过 72%。通过职业教育，绝大部分农村学生进入城市就业，获得稳定的工作，能够有效融入城市生活，促进了农村新增劳动力带技能转移。

7. 中等职业学校毕业生对就业质量较为满意

调查发现，88.62%的就业学生签订了就业合同，平均起薪 1 500 元以上的占 72.28%，89.39%的就业学生享有劳动保障，对就业的满意度高达 95.18%。

二、抽样城市比较分析

调查发现，抽样调查 10 城市中等职业学校毕业生就业状况总体与所在城市经济、社会发展程度密切相关，是当地产业发展状况、所处区域、职业学校生源以及职业教育自身发展等多种因素综合作用的产物。

（一）就业率

10 个城市的中等职业学校毕业生就业率总体保持较高水平，但城市之间存在一定差距。就业率除张家口为 93.71%外，其他城市均高于 95%，惠州最高，为 98.81%。对口就业率差距比较大，在 58%到 89%之间，其中株洲最高，为 88.80%。2012 年抽样调查 10 城市中等职业学校毕业生就业率及对口就业率见图 2-14。

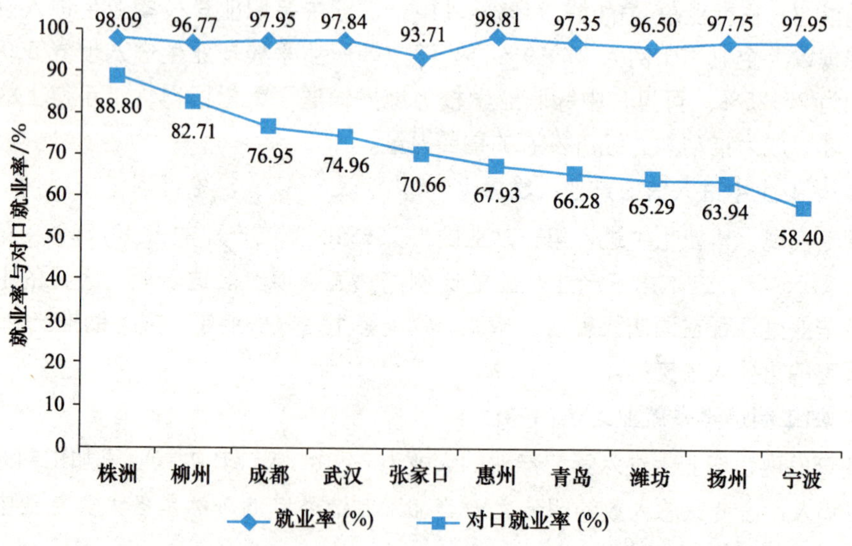

图 2-14　2012 年抽样调查 10 城市中等职业学校毕业生就业率及对口就业率

（二）学生巩固率

10 个城市的学生巩固率有一定差距。扬州、宁波、青岛、成都、惠州 5 个城市巩固率都高于 90%，其中扬州最高，为 95.12%；株洲、潍坊、武汉、张家口高于 80%。2012 年抽样调查 10 城市中等职业学校毕业人数及巩固率情况（按学生巩固率排序）见表 2-4。

表 2-4

城市	抽查学校数目/所	毕业年级入学时人数/人	毕业人数/人	学生巩固率/%
扬州	4	4 528	4 307	95.12
宁波	10	8 136	7 668	94.25
青岛	27	21 911	20 271	92.52
成都	10	17 835	16 345	91.65
惠州	13	15 576	14 252	91.50
株洲	10	6 368	5 662	88.91
潍坊	12	10 932	9 543	87.29
武汉	18	12 974	11 228	86.54
张家口	16	11 529	9 259	80.31
柳州	4	4 310	3 002	69.65

（三）直接就业情况

10 个城市的学生多数选择直接就业。其中直接就业比例高于 80% 的包括株洲、惠州、柳州、成都、武汉等，其中株洲最高，达到 95.76%；扬州、张家口、青岛、潍坊、宁波五个城市比例在 70% 左右。同时，也有相当部分学生选择升学，其中升入高一级学校的比例中宁波达 30.50%，而青岛、潍坊、扬州、成都、柳州、惠州、株洲等 7 个城市不足 10%。2012 年抽样调查 10 城市中等职业学校毕业生就业类型占比见图 2-15。

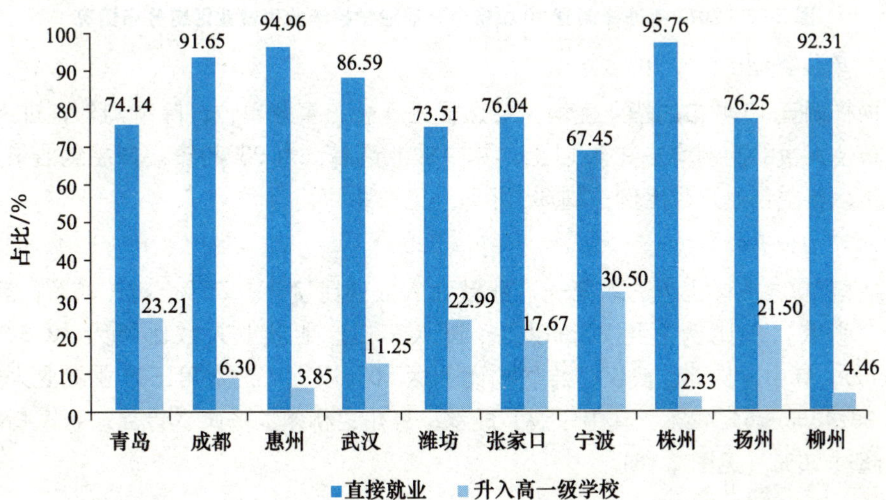

图 2-15　2012 年抽样调查 10 城市中等职业学校毕业生就业类型情况

（四）就业去向

1. 城乡分布

抽样调查 10 城市的毕业生中，城乡就业分布差距较大，这与各地城市化进程有关。在城区就业的比例区间为 39.21%～93.01%，其中株洲最高，达 93.01%，青岛、扬州、柳州在 80%以上；在镇区就业的比例区间为 6.18%～54.89%，宁波最高，达 54.89%。各地乡村就业比例低，均不足 10%（见图 2-16）。

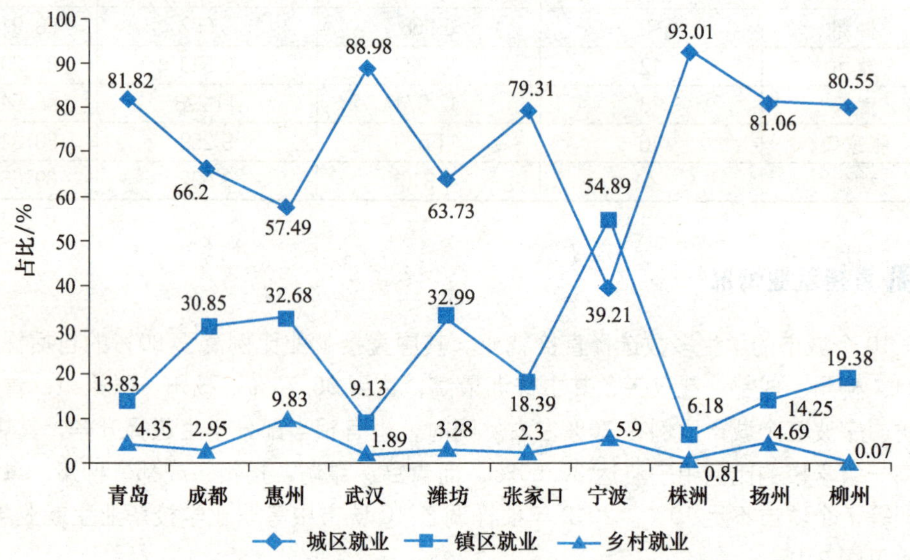

图 2-16　2012 年抽样调查 10 城市中等职业学校毕业生就业区域分布情况

2. 单位类型

抽样调查 10 城市的毕业生均主要选择进入企、事业单位，除柳州外，进入企、事业单位人数的比例均在 94%以上，其中株洲最高，为 98.99%；自主创业最高的是柳州，自主创业人数比例占到 32.05%（见图 2-17）。

3. 产业分布

抽样 10 城市毕业生进入第一产业就业人数的比例为 0.71%～27.96%，其中，扬州、张家口的比例达到 20%以上；进入第二产业就业人数比例为 19.82%～57.54%，其中，株洲、武汉、潍坊的比例达 50%以上；进入第三产业就业人数比例为 33.43%～64.42%，其中宁波、成都、惠州、柳州、扬州、青岛、张家口的比例均超过 50%（见图 2-18）。

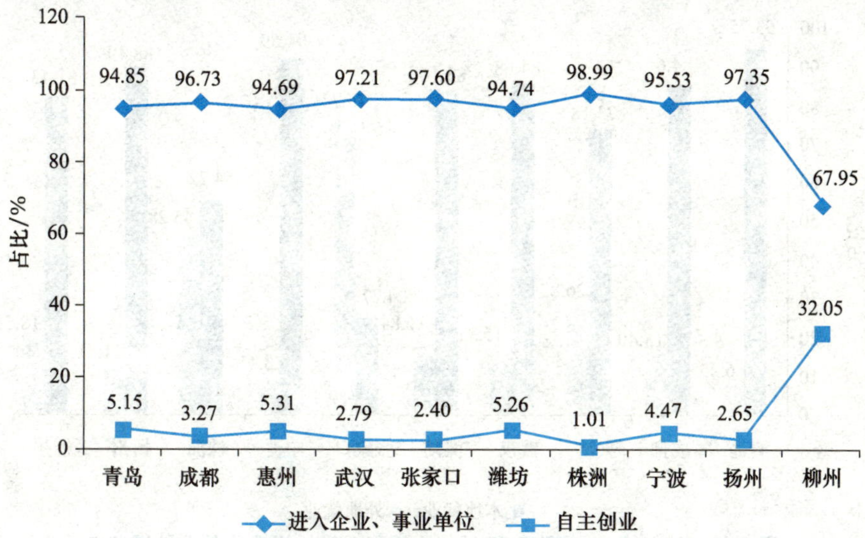

图 2-17　2012 年抽样调查 10 城市中等职业学校毕业生就业类型情况

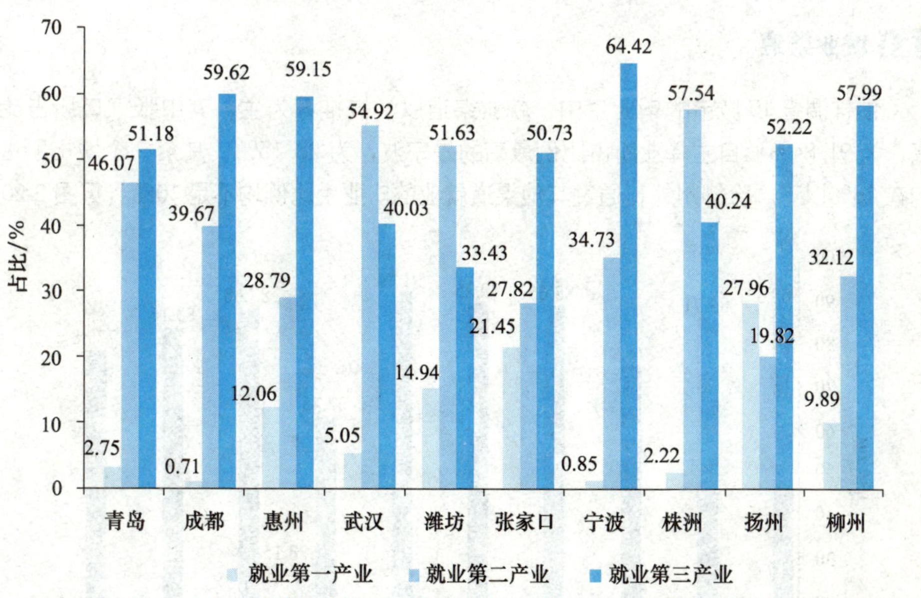

图 2-18　2012 年抽样调查 10 城市中等职业学校毕业生产业就业情况

4. 地域分布

青岛、宁波、扬州、武汉、成都、潍坊、惠州、柳州 8 个城市选择本地就业的毕业生占 70%以上，其中，青岛和宁波超过 90%，分别为 93.75%、91.59%；株洲市本地就业毕业生占 54.72%；张家口市本地就业毕业生占 24.27%，外地就业高达 75.73%（见图 2-19）。

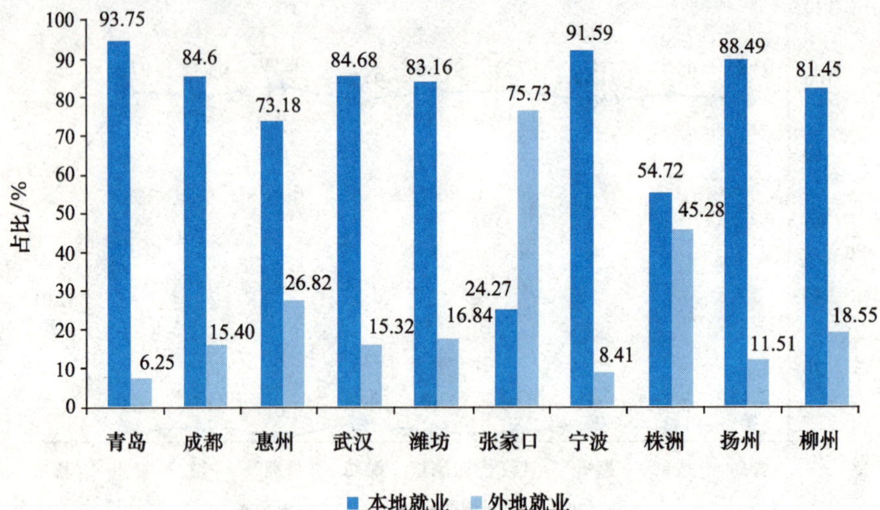

图 2-19　2012 年抽样调查 10 城市中等职业学校毕业生就业地域情况

（五）就业渠道

抽样调查 10 城市的毕业生中，就业渠道以学校推荐为主，其中张家口所占比例最高，为 91.84%；自主择业所占比例最高的是宁波，为 28.15%，其余 9 个城市所占比例均在 16%以下。除柳州外，通过其他渠道就业的毕业生比例均不足 10%（见图 2-20）。

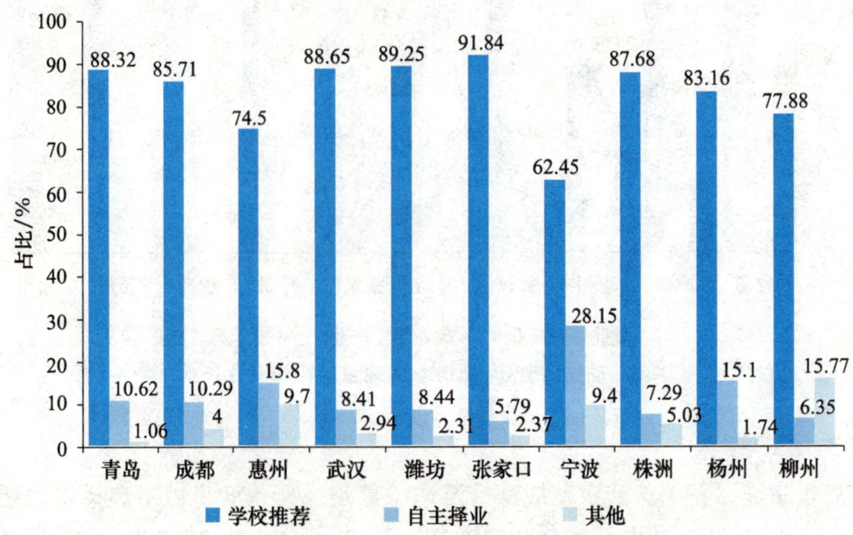

图 2-20　2012 年抽样调查 10 城市中等职业学校毕业生就业渠道情况

（六）职业资格证书

抽样调查10城市的毕业生中，除张家口外，获得资格证书的毕业生人数比例均高于91%，其中株洲最高，为98.62%。2012年抽样调查10城市中等职业学校毕业生获得职业资格证书等情况（按毕业人数排序）见表2-5。

表2-5

城市	学校数/所	毕业人数/人	总就业人数/人	就业率/%	对口就业率/%	获得职业资格证书情况	
						人数/人	占毕业生比/%
青岛	27	20 271	19 733	97.35	66.28	19 793	97.64
成都	10	16 345	16 010	97.95	76.95	15 838	96.90
惠州	13	14 252	14 083	98.81	67.93	13 213	92.71
武汉	18	11 228	10 985	97.84	74.96	10 272	91.49
潍坊	12	9 543	9 209	96.50	65.29	9 012	94.44
张家口	16	9 259	8 677	93.71	70.66	8 080	87.27
宁波	10	7 668	7 511	97.95	58.40	7 248	94.52
株洲	10	5 662	5 554	98.09	88.80	5 584	98.62
扬州	4	4 307	4 210	97.75	63.94	4 107	95.36
柳州	4	3 002	2 905	96.77	82.70	2 852	95.00

（七）就业企业规模

抽样调查10城市的毕业生中，就业于规模以上企业的毕业生所占比例为28.65%～77.19%，比例在50%以上的包括株洲、潍坊、武汉、惠州、张家口、成都、青岛，其中株洲最高，达到77.19%；就业于世界500强企业的毕业生所占比例为0.26%～25.25%，所占比例在10%以上的有武汉、成都、张家口、扬州、株洲、青岛，其中武汉最高，达25.25%（见图2-21）。

（八）就业起薪

抽样调查10城市的毕业生中，就业起薪低于1 000元的毕业生所占比例较低，均不足10%。起薪在1 000～1 500元的比例为8.91%～71.71%，其中，柳州最高，为71.71%；其次是武汉，为42.44%；扬州、惠州、成都、青岛、潍坊比例超过20%。起薪在1 500～2 000元的比例为19.49%～55%。青岛、潍坊、张家口、株洲、扬州、惠州、成都7个城市的比例都在30%以上，其中青岛最高，达55%。起

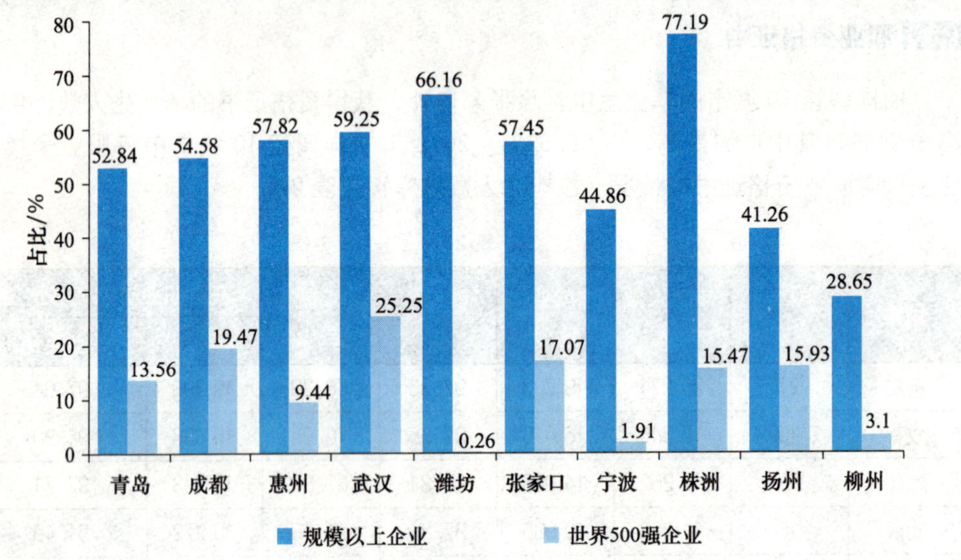

图 2-21　2012 年抽样调查 10 城市中等职业学校毕业生入职规模以上企业情况

薪高于 2 000 元的比例为 5.56%～50.31%，宁波、株洲、成都、惠州、张家口 5 个城市比例都在 30%以上，其中宁波最高，达 50.31%。2012 年抽样调查 10 城市中等职业学校毕业生就业起薪情况（按毕业人数排序）见表 2-6、图 2-22。

表 2-6

城市	起薪≤1 000 元		1 000 元＜起薪≤1 500 元		1 500 元＜起薪≤2 000 元		起薪＞2 000 元	
	人数/人	占就业人数比例/%	人数/人	占就业人数比例/%	人数/人	占就业人数比例/%	人数/人	占就业人数比例/%
青岛	153	1.02	3 153	20.98	8 265	55.00	3 457	23.00
成都	864	5.76	3 466	23.14	4 897	32.69	5 754	38.41
惠州	435	3.21	3 289	24.30	5 259	38.86	4 551	33.63
武汉	228	2.34	4 126	42.44	2 747	28.26	2 621	26.96
潍坊	56	0.80	1 451	20.68	3 671	52.33	1 837	26.19
张家口	332	4.72	1 041	14.78	3 335	47.37	2 333	33.13
宁波	234	4.53	882	17.05	1 454	28.11	2 602	50.31
株洲	21	0.38	483	8.91	2 429	44.80	2 489	45.91
扬州	43	1.30	946	28.81	1 455	44.31	840	25.58
柳州	90	3.24	1 987	71.71	540	19.49	154	5.56

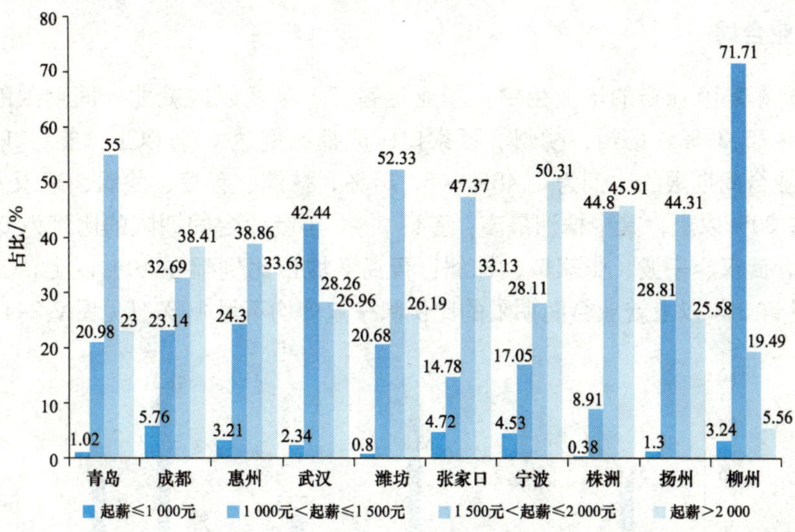

图 2-22　2012 年抽样调查 10 城市中等职业学校毕业生起薪情况

（九）社会保障

抽样调查 10 城市的毕业生中，享有劳动保险的毕业生所占比例为 70.85%～98.87%。其中，享有三险一金的所占比例为 27.10%～80.84%，柳州、扬州、张家口、株洲、潍坊、惠州 6 个城市的比例都在 50% 以上，其中柳州最高；享有五险一金的比例为 8.91%～65.67%，青岛、武汉、株洲、成都、宁波、惠州 6 个城市的比例都在 30% 以上，其中青岛最高（见图 2-23）。

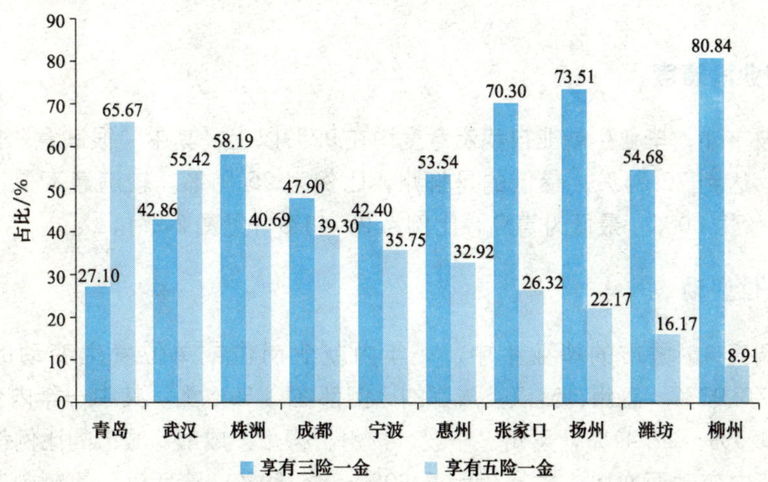

图 2-23　2012 年抽样调查 10 城市中等职业学校毕业生享有社会保障情况

（十）就业合同

抽样调查 10 城市的毕业生中，毕业生签订 1 年及以内就业合同期限的比例为 17.23%～76.31%，扬州、柳州、张家口、成都比例达 50%以上；签订 1～2（含 2）年就业合同期限的比例为 1.48%～63.87%，株洲、青岛、武汉、惠州 4 城市的比例都在 30%以上，其中株洲最高；签订 2～3 年就业合同期限的比例为 0.04%～20.79%，武汉、宁波、张家口、株洲、青岛 5 城市比例都在 10%以上，其中武汉最高；签订 3 年以上就业合同期限的比例除宁波外均不足 10%（见图 2-24）。

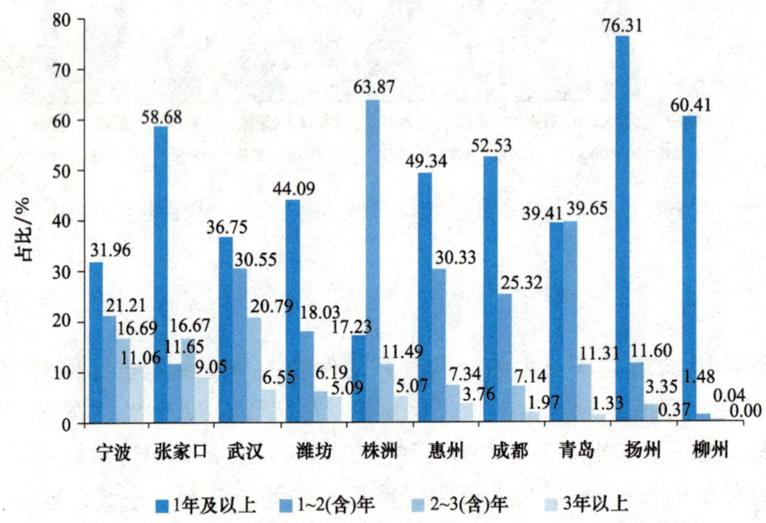

图 2-24　2012 年抽样调查 10 城市中等职业学校毕业生签订就业合同情况

（十一）就业满意度

除宁波市外，毕业生就业自我满意度均在 92%以上，其中“很满意”比例最高的是青岛，达到 72.71%；最低的是柳州，比例为 25.91%。较满意率最高的是柳州，比例为 71.60%；最低为青岛，比例为 25.48%（见图 2-25）。

（十二）岗位变动

抽样调查 10 城市的毕业生中，一年内就业岗位或单位发生变动的比例为 13.94%～40.98%，惠州、武汉、成都的比例都在 30%以上。其中一年内变动一次的比例为 9.4%～27.41%，惠州、宁波、扬州、柳州、成都 5 城市的比例都在 20%以上；一年内变动两次以上的比例为 2.20%～16.89%，除武汉、惠州外其他城市的比例均在 10%以下（见图 2-26）。

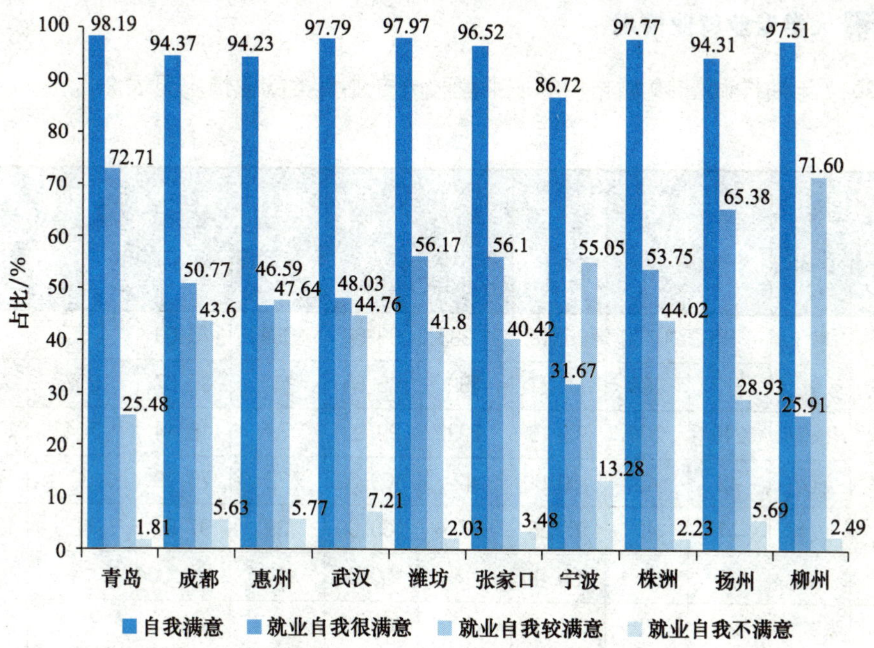

图 2-25　2012 年抽样调查 10 城市中等职业学校毕业生就业满意率情况

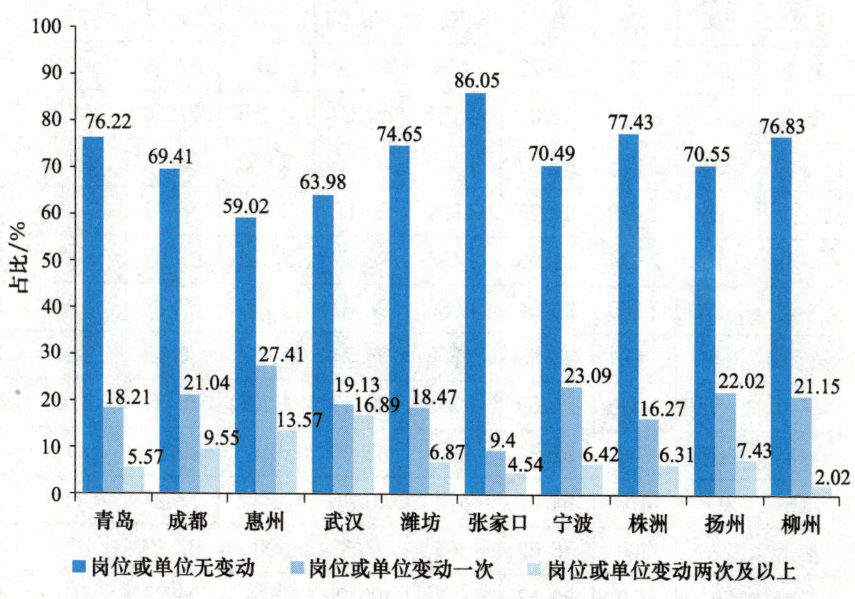

图 2-26　2012 年抽样调查 10 城市中等职业学校毕业生一年内岗位变动情况

（十三）大类专业就业情况

2012 年抽样调查 10 城市中等职业学校分专业大类就业情况见表 2-7。

表 2-7

项目		入学人数/人	毕业人数/人	学生巩固率/%	总就业数/人	就业率/%	对口就业数/人	对口就业率/%	取得职业资格证书人数/人	占毕业生比例/%
类别	城市									
农林牧渔类	惠州	1 648	1 404	85.19	1 388	98.86	984	70.09	1 057	75.28
	张家口	373	288	77.21	189	65.63	101	35.07	207	71.88
	株洲	219	204	93.15	202	99.02	37	18.14	204	100.00
	潍坊	42	42	100.00	42	100.00	32	76.19	32	76.19
	成都	41	40	97.56	40	100.00	39	97.50	40	100.00
	扬州	14	14	100.00	14	100.00	14	100.00	14	100.00
资源环境类	张家口	20	20	100.00	20	100.00	—	—	20	100.00
	惠州	13	12	92.31	12	100.00	1	8.33	10	83.33
能源与新能源类	武汉	608	606	99.67	603	99.50	598	98.68	606	100.00
	张家口	585	296	50.60	296	100.00	292	98.65	234	79.05
	成都	135	111	82.22	108	97.30	97	87.39	111	100.00
加工制造类	青岛	6 952	6 422	92.38	6 253	97.37	4 955	77.16	6 374	99.25
	潍坊	5 962	5 325	89.32	5 190	97.46	3 650	68.54	5 186	97.39
	武汉	4 955	4 028	81.29	3 899	96.80	3 069	76.19	3 834	95.18
	成都	2 733	2 434	89.06	2 404	98.77	2 139	87.88	2 434	100.00
	宁波	2 219	2 009	90.54	1 936	96.37	1 259	62.67	1 999	99.50
	张家口	2 183	1 831	83.88	1 808	98.74	1 437	78.48	1 641	89.62
	扬州	1 507	1 418	94.09	1 392	98.17	1 108	78.14	1 302	91.82
	株洲	1 015	942	92.81	926	98.30	868	92.14	913	96.92
	惠州	506	476	94.07	472	99.16	344	72.27	447	93.91
	柳州	220	169	76.82	165	97.63	98	57.99	126	74.56
石油化工类	成都	761	658	86.47	658	100.00	621	94.38	637	96.81
	潍坊	339	270	79.65	264	97.78	194	71.85	256	94.81

续表

项目		入学人数/人	毕业人数/人	学生巩固率/%	总就业数/人	就业率/%	对口就业数/人	对口就业率/%	取得职业资格证书人数/人	占毕业生比例/%
类别	城市									
土木水利类	成都	2 224	2 165	97.35	2 107	97.32	1 376	63.56	2 152	99.40
	武汉	1 105	1 092	98.82	1 067	97.71	955	87.45	1 092	100.00
	株洲	862	841	97.56	841	100.00	830	98.69	841	100.00
	宁波	324	319	98.46	314	98.43	300	94.04	319	100.00
	张家口	443	248	55.98	247	99.60	133	53.63	245	98.79
	青岛	219	219	100.00	219	100.00	147	67.12	219	100.00
	扬州	75	64	85.33	62	96.88	9	14.06	60	93.75
轻纺食品类	成都	152	121	79.61	118	97.52	89	73.55	121	100.00
	青岛	60	47	78.33	46	97.87	33	70.21	47	100.00
	潍坊	52	47	90.38	47	100.00	40	85.11	47	100.00
	宁波	47	42	89.36	42	100.00	11	26.19	42	100.00
交通运输类	成都	2 909	2 797	96.15	2 740	97.96	2 296	82.09	2 729	97.57
	青岛	1 879	1 668	88.77	1 619	97.06	1 422	85.25	1 668	100.00
	张家口	802	751	93.64	746	99.33	703	93.61	670	89.21
	惠州	475	447	94.11	436	97.54	308	68.90	420	93.96
	株洲	479	405	84.55	395	97.53	284	70.12	381	94.07
	宁波	304	233	76.64	228	97.85	120	51.50	233	100.00
	柳州	206	166	80.58	154	92.77	119	71.69	132	79.52
	潍坊	54	54	100.00	48	88.89	45	83.33	54	100.00
	扬州	81	52	64.20	49	94.23	38	73.08	52	100.00
医药卫生类	惠州	1 668	1 613	96.70	1 600	99.19	1 571	97.40	1 446	89.65
	青岛	1 067	936	87.72	912	97.44	592	63.25	757	80.88
	武汉	700	573	81.86	573	100.00	530	92.50	291	50.79
	宁波	50	49	98.00	49	100.00	1	2.04	49	100.00
休闲保健类	成都	150	136	90.67	128	94.12	89	65.44	118	86.76
	张家口	117	52	44.44	52	100.00	52	100.00	52	100.00
	青岛	24	16	66.67	15	93.75	15	93.75	16	100.00

续表

项目		入学人数/人	毕业人数/人	学生巩固率/%	总就业数/人	就业率/%	对口就业数/人	对口就业率/%	取得职业资格证书人数/人	占毕业生比例/%
类别	城市									
信息技术类	张家口	3 544	3 062	86.40	3 013	98.40	2 078	67.86	2 540	82.95
	青岛	3 006	2 773	92.25	2 731	98.49	1 702	61.38	2 721	98.12
	成都	3 070	2 686	87.49	2 619	97.51	2 050	76.32	2 471	92.00
	潍坊	1 908	1 656	86.79	1 591	96.07	992	59.90	1 619	97.77
	武汉	1 432	1 383	96.58	1 341	96.96	929	67.17	1 324	95.73
	株洲	1 451	1 339	92.28	1 334	99.63	1 226	91.56	1 335	99.70
	惠州	1 052	984	93.54	970	98.58	495	50.30	940	95.53
	扬州	812	764	94.09	744	97.38	545	71.34	734	96.07
	宁波	367	331	90.19	331	100.00	150	45.32	329	99.40
	柳州	134	110	82.09	110	100.00	86	78.18	94	85.45
财经商贸类	青岛	4 916	4 626	94.10	4 483	96.91	2 348	50.76	4 498	97.23
	惠州	3 866	3 808	98.50	3 758	98.69	1 711	44.93	3 643	95.67
	成都	3 150	2 975	94.44	2 935	98.66	2 045	68.74	2 913	97.92
	宁波	2 765	2 671	96.60	2 633	98.58	1 450	54.29	2 465	92.29
	潍坊	1 792	1 521	84.88	1 501	98.69	903	59.37	1 428	93.89
	武汉	1 609	1 274	79.18	1 237	97.10	822	64.52	1 266	99.37
	扬州	692	668	96.53	652	97.60	451	67.51	636	95.21
	张家口	881	661	75.03	494	74.74	406	61.42	640	96.82
	柳州	379	254	67.02	244	96.06	208	81.89	207	81.50
	株洲	259	230	88.80	230	100.00	214	93.04	212	92.17
教育类	青岛	1 043	1 030	98.75	1 030	100.00	757	73.50	1 028	99.81
	张家口	1 228	887	72.23	887	100.00	697	78.58	721	81.29
	惠州	923	870	94.26	867	99.66	747	85.86	866	99.54
	成都	801	729	91.01	726	99.59	682	93.55	723	99.18
	武汉	758	708	93.40	701	99.01	621	87.71	613	86.58
	潍坊	428	370	86.45	357	96.49	288	77.84	246	66.49
	宁波	190	188	98.95	186	98.94	92	48.94	119	63.30
	扬州	145	145	100.00	145	100.00	—	—	145	100.00

续表

类别	城市	入学人数/人	毕业人数/人	学生巩固率/%	总就业数/人	就业率/%	对口就业数/人	对口就业率/%	取得职业资格证书人数/人	占毕业生比例/%
旅游服务类	株洲	1 863	1 507	80.89	1 432	95.02	1 385	91.90	1 504	99.80
	青岛	1 524	1 415	92.85	1 347	95.19	849	60.00	1 397	98.73
	成都	1 364	1 189	87.17	1 126	94.70	899	75.61	1 157	97.31
	扬州	1 036	1 016	98.07	987	97.15	439	43.21	998	98.23
	武汉	1 066	851	79.83	851	100.00	608	71.45	847	99.53
	惠州	427	403	94.38	403	100.00	237	58.81	356	88.34
	张家口	375	336	89.60	335	99.70	284	84.52	283	84.23
	宁波	306	288	94.12	284	98.61	181	62.85	288	100.00
	潍坊	66	32	48.48	32	100.00	28	87.50	23	71.88
	柳州	26	20	76.92	20	100.00	14	70.00	13	65.00
文化艺术类	青岛	938	836	89.13	811	97.01	371	44.38	830	99.28
	张家口	459	399	86.93	162	40.60	134	33.58	399	100.00
	惠州	343	305	88.92	293	96.07	187	61.31	283	92.79
	株洲	220	194	88.18	194	100.00	184	94.85	194	100.00
	成都	206	182	88.35	180	98.90	64	35.16	110	60.44
	武汉	154	154	100.00	154	100.00	41	26.62	20	12.99
	宁波	135	133	98.52	131	98.50	—	—	—	—
	潍坊	127	81	63.78	81	100.00	59	72.84	81	100.00
	柳州	58	44	75.86	44	100.00	41	93.18	41	93.18
公共管理与服务类	武汉	452	424	93.81	424	100.00	244	57.55	244	57.55
	青岛	234	234	100.00	224	95.73	210	89.74	190	81.20
	惠州	123	115	93.50	113	98.26	69	60.00	95	82.61
	成都	109	99	90.83	99	100.00	82	82.83	99	100.00
	潍坊	52	50	96.15	50	100.00	—	—	—	—

续表

类别	城市	入学人数/人	毕业人数/人	学生巩固率/%	总就业数/人	就业率/%	对口就业数/人	对口就业率/%	取得职业资格证书人数/人	占毕业生比例/%
其他类	惠州	4 532	3 815	84. 18	3 771	98. 85	3 028	79. 37	3 650	95. 67
	柳州	3 287	2 239	68. 12	2 168	96. 83	1 917	85. 62	2 239	100. 00
	宁波	1 429	1 405	98. 32	1 377	98. 01	914	65. 05	1 405	100. 00
	张家口	519	428	82. 47	428	100. 00	225	52. 57	428	100. 00
	扬州	166	166	100. 00	165	99. 40	150	90. 36	166	100. 00
	武汉	135	135	100. 00	135	100. 00	—	—	135	100. 00
	潍坊	110	95	86. 36	6	6. 32	—	—	40	42. 11
	青岛	49	49	100. 00	43	87. 76	35	71. 43	48	97. 96
	成都	30	23	76. 67	22	95. 65	9	39. 13	23	100. 00

第三篇

2012年 各省（区、市）中等职业学校毕业生就业状况

北京市中等职业学校毕业生就业情况

2012 年，北京市中等职业学校毕业生总数为 27 716 人，就业学生数为 27 098 人，就业率为 97.77%。与 2011 年相比，毕业生数有较大幅度下降，就业率有所提升（见表 3-1-1）。

表 3-1-1

项目	2011 年	2012 年
毕业生数/人	51 325	27 716
就业人数/人	48 758	27 098
就业率/%	95.00	97.77

一、总体情况

（一）就业去向

北京市 27 098 名就业学生中到各种所有制企、事业单位的有 20 363 人，占全部就业学生的 75.15%；合法从事个体经营的有 726 人，占 2.68%；升入高一级学校就读的有 6 009 人，占 22.17%。

（二）产业分布

从事第一产业的毕业生数为 185 人，占全部就业学生的 0.68%；从事第二产业的为 4 069 人，占 15.02%；从事第三产业的为 22 844 人，占 84.30%。与 2011 年相比，从事第一产业和第二产业人数的比例均有所下降（见表 3-1-2）。

表 3-1-2

项目	2011 年		2012 年	
	就业人数/人	占就业人数比例/%	就业人数/人	占就业人数比例/%
第一产业	975	2.00	185	0.68
第二产业	8 776	18.00	4 069	15.02
第三产业	39 007	80.00	22 844	84.30

（三）就业地域

就业地域分为本地、异地和境外。本地就业的毕业生数为 23 531 人，占全部就业学生的 86.84%；异地就业的为 3 498 人，占 12.91%；境外就业的为 69 人，占 0.25%。与 2011 年相比，本地就业比例有所下降，异地就业比例有所升高（见表 3-1-3）。

表 3-1-3

项目	2011 年		2012 年	
	就业人数/人	占就业人数比例/%	就业人数/人	占就业人数比例/%
本　地	42 907	88.00	23 531	86.84
异　地	5 607	11.50	3 498	12.91
境　外	244	0.50	69	0.25

（四）就业渠道

通过学校推荐就业的毕业数为 23 671 人，占全部就业学生的 87.36%；通过中介介绍就业的为 245 人，占 0.9%；通过其他渠道就业的为 3 182 人，占 11.74%。

与 2011 年相比，2012 年北京市中等职业学校毕业生就业呈现以下特点：

一是毕业生显著减少；升入高一级学校就读的比例继续提高。2012 年毕业的学生人数比 2011 年减少 23 609 人，仅为 2011 年人数的 54%。2012 年继续升学的比例占就业学生总数的 22.17%，比 2011 年增加了 6.36%。北京市开展了中高等职业教育衔接办学试点工作，加强了中高职衔接沟通，越来越多的中职学生能够在毕业后继续学习。

二是就业于第三产业毕业生数的比例呈增长趋势。第三产业成为其就业的主要领域。就业于第二产业的毕业生人数及占当年毕业生总数的比例有所下降。

三是异地就业的比例有所增长。2012 年异地就业毕业生比例比 2011 年增长了 1.41%，而本地就业比例降低了 1.16%。总体上就业地选择变化不大。

二、各专业大类就业情况

根据《中等职业学校专业目录（2010 年修订）》确定的 19 个专业类别，各专业大类的就业情况如下：

从专业分类看，就业情况最好的专业是加工制造类，就业率达到 109.68%①；

① 此类情况是因其他专业毕业生在加工制造类专业对应岗位就业。

其次是司法服务类，就业率为 100%；交通运输类、体育与健身类、教育类、休闲保健类、农林牧渔类、信息技术类、财经商贸类、公共管理与服务类的就业率处于平均水平以上；土木水利类就业率最低，保持在 68%以上。

从毕业生数看，信息技术类专业毕业生数最多，为 4 604 人，占毕业生总数的 16.61%；其次是财经商贸类，毕业生数为 4 228 人，占 15.25%。毕业生数最少的是资源环境类专业，本年度没有毕业生，其次是石油化工类，毕业生数为 45 人，占 0.16%。

从就业学生数看，信息技术类专业毕业生就业人数最多，为 4 541 人，占就业学生总数的 16.76%；其次是财经商贸类，就业人数为 4 162 人，占 15.36%。毕业生就业人数最少的是资源环境类专业，本年度没有毕业生就业，其次是石油化工类，就业人数为 31 人，占 0.11%。具体各专业大类毕业生就业情况见表 3-1-4。

表 3-1-4

专业类别	毕业生数/人	就业人数/人	就业率/%
信息技术类	4 604	4 541	98.63
财经商贸类	4 228	4 162	98.44
加工制造类	3 431	3 763	109.68
医药卫生类	2 540	2 471	97.28
文化艺术类	2 467	2 408	97.61
交通运输类	2 405	2 396	99.63
旅游服务类	2 571	2 357	91.68
教育类	1 454	1 445	99.38
土木水利类	1 240	850	68.55
公共管理与服务类	677	666	98.38
能源与新能源类	600	584	97.33
休闲保健类	461	458	99.35
其他类	376	354	94.15
农林牧渔类	302	300	99.34
体育与健身类	199	198	99.50
轻纺食品类	63	61	96.83
司法服务类	53	53	100.00
石油化工类	45	31	68.89
资源环境类	0	0	0
合计	27 716	27 098	97.77

天津市中等职业学校毕业生就业情况

2012 年，天津市中等职业学校毕业生总数为 28 921 人，就业学生数为 28 028 人，就业率为 96.91%。与 2011 年相比，毕业生数及就业率都有所下降（见表 3-2-1）。

表 3-2-1

项目	2011 年	2012 年
毕业生数/人	30 440	28 921
就业人数/人	29 649	28 028
就业率/%	97.40	96.91

一、总体情况

(一) 就业去向

天津市 28 028 名就业学生中到各种所有制企、事业单位的有 17 542 人，占全部就业学生的 62.59%；合法从事个体经营的有 1 159 人，占 4.14%；升入高一级学校就读的有 9 327 人，占 33.27%。

(二) 产业分布

从事第一产业的毕业生数为 767 人，占全部就业学生的 2.74%；从事第二产业的为 10 413 人，占 37.15%；从事第三产业的为 16 848 人，占 60.11%。与 2011 年相比，从事第一产业和第二产业人数的比例均有所上升（见表 3-2-2）。

表 3-2-2

项目	2011 年		2012 年	
	就业人数/人	占就业人数比例/%	就业人数/人	占就业人数比例/%
第一产业	792	2.67	767	2.74
第二产业	10 934	36.88	10 413	37.15
第三产业	17 923	60.45	16 848	60.11

（三）就业地域

就业地域分为本地、异地和境外。本地就业的毕业生数为 25 923 人，占全部就业学生的 92.49%；异地就业的为 2 098 人，占 7.49%；境外就业的为 7 人，占 0.02%。与 2011 年相比，本地就业比例有所升高，异地就业比例有所下降（见表 3-2-3）。

表 3-2-3

项目	2011 年		2012 年	
	就业人数/人	占就业人数比例/%	就业人数/人	占就业人数比例/%
本　地	27 255	91.93	25 923	92.49
异　地	2 377	8.02	2 098	7.49
境　外	17	0.06	7	0.02

（四）就业渠道

通过学校推荐就业的毕业生数为 25 484 人，占全部就业学生的 90.92%；通过中介介绍就业的为 210 人，占 0.75%；通过其他渠道就业的为 2 334 人，占 8.33%。

与 2011 年相比，2012 年天津市中等职业学校毕业生就业呈现以下特点：

一是毕业生有所减少；升入高一级学校就读的比例继续提高。2012 年毕业的学生人数比 2011 年减少 1 519 人，为 2011 年人数的 95.01%。2012 年，天津市启动了四年制高职教育改革试点工作，深化中职、高职衔接培养模式改革试验，继续升学的毕业生比例占就业学生总数的 33.28%，比 2011 年增加了 2.4%。

二是就业于第三产业毕业生人数的比例呈下降趋势，但第三产业仍是其就业的主要领域。就业于第二产业的毕业生数及占当年毕业生总数的比例有所上升。

三是本地就业的比例有所增长。2012 年异地就业人员比例比 2011 年降低了 0.53%，而本地就业比例增长了 0.56%。

二、各专业大类就业情况

根据《中等职业学校专业目录（2010 年修订）》确定的 19 个专业类别，各专业大类的就业情况如下：

从专业分类看，就业情况最好的专业是教育类，就业率达到 99.73%；农林牧渔类、资源环境类、旅游服务类、轻纺食品类、加工制造类、信息技术类的就业率处于平均水平以上；体育与健身类就业率保持在 74%以上。

从毕业生数看，信息技术类专业毕业生数最多，为 8 473 人，占毕业生总数的 29.30%；其次是加工制造类，毕业生数为 6 591 人，占 22.79%。毕业生数最少的是司法服务类专业，本年度毕业生数为 14 人，占 0.05%；其次是轻纺食品类，毕业生数为 67 人，占 0.23%。

从就业学生数看，信息技术类专业毕业生就业人数最多，为 8 261 人，占就业学生总数的 29.47%；其次是加工制造类，就业人数 6 480 人，占 23.12%。毕业生就业人数最少的是司法服务类专业，本年度就业人数为 12 人，占 0.04%；其次是轻纺食品类，就业人数为 66 人，占 0.24%。各专业大类毕业生就业情况见表 3-2-4。

表 3-2-4

专业类别	毕业生数/人	就业人数/人	就业率/%
信息技术类	8 473	8 261	97.50
加工制造类	6 591	6 480	98.32
财经商贸类	4 047	3 921	96.89
交通运输类	1 799	1 739	96.66
旅游服务类	1 563	1 541	98.59
医药卫生类	1 351	1 280	94.74
土木水利类	1 266	1 182	93.36
文化艺术类	1 209	1 107	91.56
教育类	745	743	99.73
其他类	516	510	98.84
资源环境类	301	297	98.67
农林牧渔类	229	226	98.69
公共管理与服务类	214	199	92.99
石油化工类	217	195	89.86
休闲保健类	102	97	95.10
体育与健身类	125	93	74.40
能源与新能源类	92	79	85.87
轻纺食品类	67	66	98.51
司法服务类	14	12	85.71
合计	28 921	28 028	96.91

河北省中等职业学校毕业生就业情况

2012 年，河北省中等职业学校毕业生总数为 258 638 人，就业学生数为 248 809 人，就业率为 96.20%。与 2011 年相比，毕业生数有较大幅度下降，就业率有所提升（见表 3-3-1）。

表 3-3-1

项目	2011 年	2012 年
毕业生数/人	401 830	258 638
就业人数/人	385 626	248 809
就业率/%	95.97	96.20

一、总体情况

（一）就业去向

河北省 248 809 名就业学生中到各种所有制企、事业单位的有 174 238 人，占全部就业学生的 70.03%；合法从事个体经营的有 47 845 人，占 19.23%；升入高一级学校就读的有 26 726 人，占 10.74%。

（二）产业分布

从事第一产业的毕业生数为 38 216 人，占全部就业学生的 15.36%；从事第二产业的为 86 201 人，占 34.65%；从事第三产业的为 124 392 人，占 49.99%。与 2011 年相比，从事第一产业和第二产业人数的比例均有所下降（见表 3-3-2）。

表 3-3-2

项目	2011 年		2012 年	
	就业人数/人	占就业人数比例/%	就业人数/人	占就业人数比例/%
第一产业	69 415	18.00	38 216	15.36
第二产业	154 256	40.00	86 201	34.65
第三产业	161 965	42.00	124 392	49.99

（三）就业地域

就业地域分为本地、异地和境外。本地就业的毕业生数为 167 945 人，占全部就业学生的 67.50%；异地就业的为 79 881 人，占 32.10%；境外就业的为 983 人，占 0.40%。与 2011 年相比，本地就业比例有所升高，异地就业比例有所下降（见表 3-3-3）。

表 3-3-3

项目	2011 年		2012 年	
	就业人数/人	占就业人数比例/%	就业人数/人	占就业人数比例/%
本　地	204 387	53.00	167 945	67.50
异　地	178 892	46.39	79 881	32.10
境　外	2 357	0.61	983	0.40

（四）就业渠道

通过学校推荐就业的毕业生数为 172 905 人，占全部就业学生的 69.49%；通过中介介绍就业的为 26 764 人，占 10.76%；通过其他渠道就业的为 49 140 人，占 19.75%。

与 2011 年相比，2012 年河北省中等职业学校毕业生就业呈现以下特点：

一是毕业生显著减少；升入高一级学校就读的比例继续提高。2012 年毕业的学生人数比 2011 年减少 143 192 人，仅为 2011 年人数的 64.37%。2012 年继续升学的比例占就业学生总数的 10.74%，比 2011 年增加了 2.85%。

二是就业于第三产业毕业生人数的比例呈增长趋势，第三产业继续成为其就业的主要领域。就业于第二产业的毕业生数及占当年毕业生总数的比例大幅下降。河北省目前产业结构为“二三一”格局，调整目标为高度化的“三二一”型结构，中等职业学校专业设置可以较好地适应产业结构的转型。

三是异地就业的比例有所下降。2012 年异地就业毕业生比例比 2011 年降低了 14.28%，而本地就业比例上升了 14.50%。

二、各专业大类就业情况

根据《中等职业学校专业目录（2010 年修订）》确定的 19 个专业类别，各专业大类的就业情况如下：

从专业分类看，就业情况最好的专业是公共管理与服务类，就业率达到

98.98%；其次是医药卫生类和石油化工类，就业率为 98.00%；其他类、教育类、农林牧渔类、交通运输类、文化艺术类、旅游服务类的就业率处于平均水平以上；司法服务类就业率保持在 91%以上。

从毕业生数看，信息技术类专业毕业生数最多，为 51 214 人，占毕业生总数的 19.80%；其次是农林牧渔类，毕业生数为 47 195 人，占 18.25%。毕业生数最少的是其他类专业，本年度毕业生数为 1 295 人，占 0.50%；其次是文化艺术类，毕业生数为 1 304 人，占 0.50%。

从就业学生数看，信息技术类专业毕业生就业人数最多，为 49 005 人，占就业学生总数的 19.70%；其次是农林牧渔类，就业人数 45 779 人，占 18.40%。毕业生就业人数最少的是文化艺术类，本年度就业人数为 1 264 人，占 0.51%；其次是其他类，就业人数为 1 269 人，占 0.51%。各专业大类毕业生就业情况见表 3-3-4。

表 3-3-4

专业类别	毕业生数/人	就业人数/人	就业率/%
信息技术类	51 214	49 005	95.69
农林牧渔类	47 195	45 779	97.00
加工制造类	42 562	40 857	95.99
医药卫生类	17 852	17 495	98.00
土木水利类	17 843	17 129	96.00
资源环境类	16 303	15 487	94.99
轻纺食品类	10 346	9 932	96.00
财经商贸类	10 224	9 642	94.31
能源与新能源类	8 200	7 765	94.70
教育类	7 351	7 203	97.99
石油化工类	7 048	6 907	98.00
交通运输类	6 068	5 883	96.95
旅游服务类	5 312	5 131	96.59
司法服务类	2 601	2 392	91.96
休闲保健类	2 285	2 170	94.97
体育与健身类	1 976	1 857	93.98
公共管理与服务类	1 659	1 642	98.98
其他类	1 295	1 269	97.99
文化艺术类	1 304	1 264	96.93
合计	258 638	248 809	96.20

山西省中等职业学校毕业生就业情况

2012 年，山西省中等职业学校毕业生总数为 220 682 人，就业学生数为 211 289 人，就业率为 95.74%。与 2011 年相比，毕业生数有所下降，就业率有所提升（见表 3-4-1）。

表 3-4-1

项目	2011 年	2012 年
毕业生数/人	234 310	220 682
就业人数/人	223 335	211 289
就业率/%	95.32	95.74

一、总体情况

（一）就业去向

山西省 211 289 名就业学生中到各种所有制企、事业单位的有 168 119 人，占全部就业学生的 79.57%；合法从事个体经营的有 10 745 人，占 5.09%；升入高一级学校就读的有 32 425 人，占 15.34%。

（二）产业分布

从事第一产业的毕业生数为 7 761 人，占全部就业学生的 3.67%；从事第二产业的为 116 715 人，占 55.24%；从事第三产业的为 86 813 人，占 41.09%。与 2011 年相比，从事第一产业人数的比例有所下降，第二产业人数的比例有所上升（见表 3-4-2）。

表 3-4-2

项目	2011 年		2012 年	
	就业人数/人	占就业人数比例/%	就业人数/人	占就业人数比例/%
第一产业	12 879	5.76	7 761	3.67
第二产业	80 010	35.83	116 715	55.24
第三产业	130 446	58.41	86 813	41.09

（三）就业地域

就业地域分为本地、异地和境外。本地就业的毕业生数为172 276人，占全部就业学生的81.54%；异地就业的为39 013人，占18.46%；无境外就业人员。与2011年相比，本地就业比例有所下降，异地就业比例有所上升（见表3-4-3）。

表3-4-3

项目	2011年		2012年	
	就业人数/人	占就业人数比例/%	就业人数/人	占就业人数比例/%
本　地	195 989	87.76	172 276	81.54
异　地	27 346	12.24	39 013	18.46
境　外	0	0.00	0	0.00

（四）就业渠道

通过学校推荐就业的毕业数为160 813人，占全部就业学生的76.11%；通过中介介绍就业的为6 523人，占3.09%；通过其他渠道就业的为43 953人，占20.80%。

与2011年相比，2012年山西省中等职业学校毕业生就业呈现以下特点：

一是毕业生显著减少；升入高一级学校就读的比例继续提高。2012年毕业的学生比2011年减少13 628人，仅为2011年人数的94.18%。2012年继续升学的比例占就业学生总数的15.35%，比2011年增加了8.58%。这说明山西的中高职衔接工作有所加强。

二是就业于第三产业毕业生人数的比例呈下降趋势，第二产业成为中职毕业生就业的主要领域。以能源和原材料工业为主体的重型工业是山西经济增长的生力军，就业于第二产业的毕业生数及占当年毕业生总数的比例有所提升，表明该省中等职业学校专业设置可以较好地适应本地产业结构。

三是异地就业的比例有所增长。2012年异地就业毕业生比例比2011年增长了6.22%，而本地就业比例降低了6.22%。这说明中等职业学生的就业地选择范围有所拓展。

二、各专业大类就业情况

根据《中等职业学校专业目录（2010年修订）》确定的19个专业类别，各专业大类的就业情况如下：

从专业分类看，就业情况最好的专业是交通运输类，就业率达到 96.52%；其次是旅游服务类，就业率为 96.10%；石油化工类、能源与新能源类、轻纺食品类、其他类、财经商贸类的就业率处于平均水平以上；其余各类的就业率都保持在 95%以上。

从毕业生数看，信息技术类专业毕业生数最多，为 43 492 人，占毕业生总数的 19.71%；其次是加工制造类，毕业生数为 36 364 人，占 16.48%。毕业生数最少的是休闲保健类专业，本年度毕业生数为 480 人，占 0.22%；其次是轻纺食品类，毕业生数为 1 679 人，占 0.76%。

从就业学生数看，信息技术类专业毕业生就业人数最多，为 41 586 人，占就业学生总数的 19.68%；其次是加工制造类，就业人数为 34 754 人，占 16.45%。毕业生就业人数最少的是休闲保健类专业，本年度就业人数为 459 人，占 0.22%；其次是轻纺食品类，就业人数为 1 610 人，占 0.76%。各专业大类毕业生就业情况见表 3-4-4。

表 3-4-4

专业类别	毕业生数/人	就业人数/人	就业率/%
信息技术类	43 492	41 586	95.62
加工制造类	36 364	34 754	95.57
农林牧渔类	24 704	23 643	95.71
财经商贸类	15 528	14 870	95.76
医药卫生类	15 032	14 391	95.74
教育类	13 694	13 103	95.68
文化艺术类	12 493	11 956	95.70
资源环境类	11 561	11 064	95.70
旅游服务类	11 265	10 826	96.10
交通运输类	10 404	10 042	96.52
土木水利类	6 349	6 077	95.72
能源与新能源类	5 802	5 569	95.98
其他类	3 086	2 958	95.85
石油化工类	2 235	2 147	96.06
体育与健身类	2 220	2 125	95.72
公共管理与服务类	2 157	2 064	95.69
司法服务类	2 137	2 045	95.69
轻纺食品类	1 679	1 610	95.89
休闲保健类	480	459	95.63
合计	220 682	211 289	95.74

内蒙古自治区中等职业学校毕业生就业情况

2012 年，内蒙古自治区中等职业学校毕业生总数为 109 495 人，就业学生数为 105 558 人，就业率为 96.40%。与 2011 年相比，毕业生数和就业率都有所提升（见表 3-5-1）。

表 3-5-1

项目	2011 年	2012 年
毕业生数/人	91 335	109 495
就业人数/人	85 307	105 558
就业率/%	93.40	96.40

一、总体情况

（一）就业去向

内蒙古自治区 105 558 名就业学生中到各种所有制企、事业单位的有 49 401 人，占全部就业学生的 46.80%；合法从事个体经营的有 38 931 人，占 36.88%；升入高一级学校就读的有 17 226 人，占 16.32%。

（二）产业分布

从事第一产业的毕业生数为 10 250 人，占全部就业学生的 9.71%；从事第二产业的为 31 268 人，占 29.62%；从事第三产业的为 64 040 人，占 60.67%。与 2011 年相比，从事第一产业人数的比例有大幅下降，第二产业人数的比例有所提升（见表 3-5-2）。

表 3-5-2

项目	2011 年		2012 年	
	就业人数/人	占就业人数比例/%	就业人数/人	占就业人数比例/%
第一产业	22 179	26.00	10 250	9.71
第二产业	11 089	13.00	31 268	29.62
第三产业	52 039	61.00	64 040	60.67

（三）就业地域

就业地域分为本地、异地和境外。本地就业的毕业生数为 90 507 人，占全部就业学生的 85.74%；异地就业的为 15 045 人，占 14.25%；境外就业的为 6 人，占 0.01%。与 2011 年相比，本地就业比例有所上升，异地就业比例有所下降（见表 3-5-3）。

表 3-5-3

项目	2011 年		2012 年	
	就业人数/人	占就业人数比例/%	就业人数/人	占就业人数比例/%
本　地	52 888	62.00	90 507	85.74
异　地	32 407	37.99	15 045	14.25
境　外	12	0.01	6	0.01

（四）就业渠道

通过学校推荐就业的毕业生数为 61 701 人，占全部就业学生的 58.46%；通过中介介绍就业的为 9 800 人，占 9.28%；通过其他渠道就业的为 34 057 人，占 32.26%。

与 2011 年相比，2012 年内蒙古自治区中等职业学校毕业生就业呈现以下特点：

一是毕业生显著增加；合法从事个体经营和升入高一级学校就读的毕业生比例继续提高。2012 年毕业的学生比 2011 年增加 18 160 人，增长率为 19.88%。2012 年继续升学的比例占就业学生总数的 16.32%，比 2011 年增加了 4.62%。

二是第三产业仍然是中职毕业生就业的主要领域；就业于第一产业毕业生人数和占当年就业学生总数的比例均大幅下降；就业于第二产业的毕业生数及比例大幅上升。中职毕业生就业适应了内蒙古经济结构调整的需要。

三是异地就业的比例有所下降。2012 年异地就业毕业生比例比 2011 年降低了 23.74%，而本地就业比例上升了 23.74%。

二、各专业大类就业情况

根据《中等职业学校专业目录（2010 年修订）》确定的 19 个专业类别，各专业大类的就业情况如下：

从专业分类看，就业情况最好的专业是司法服务类，就业率达到 105.14%；其次是信息技术类，就业率为 99.62%；交通运输类、财经商贸类、旅游服务类、农林牧渔类的就业率处于平均水平以上；其他类就业率保持在 84%以上。

从毕业生数看，信息技术类专业毕业生数最多，为 21 662 人，占毕业生总数的 19. 78%；其次是农林牧渔类，毕业生数为 16 275 人，占 14. 86%。毕业生数最少的是司法服务类专业，本年度毕业生数为 214 人，占 0. 20%；其次是公共管理与服务类，毕业生数为 865 人，占 0. 79%。

从就业学生数看，信息技术类专业毕业生就业人数最多，为 21 580 人，占就业学生总数的 20. 44%；其次是农林牧渔类，就业人数 15 801 人，占 14. 97%。毕业生就业人数最少的是司法服务类专业，本年度就业人数为 225 人，占 0. 21%；其次是公共管理与服务类，就业人数为 819 人，占 0. 78%。各专业大类毕业生就业情况见表 3-5-4。

表 3-5-4

专业类别	毕业生数/人	就业人数/人	就业率/%
信息技术类	21 662	21 580	99. 62
农林牧渔类	16 275	15 801	97. 09
财经商贸类	10 963	10 690	97. 51
加工制造类	11 131	10 665	95. 81
医药卫生类	10 610	10 198	96. 12
土木水利类	6 814	6 557	96. 23
交通运输类	6 485	6 426	99. 09
教育类	5 883	5 404	91. 86
文化艺术类	4 955	4 439	89. 59
旅游服务类	2 805	2 729	97. 29
石油化工类	2 211	2 058	93. 08
能源与新能源类	1 881	1 771	94. 15
资源环境类	1 536	1 413	91. 99
其他类	1 650	1 402	84. 97
休闲保健类	1 443	1 388	96. 19
轻纺食品类	1 070	1 005	93. 93
体育与健身类	1 042	988	94. 82
公共管理与服务类	865	819	94. 68
司法服务类	214	225	105. 14
合计	109 495	105 558	96. 40

辽宁省中等职业学校毕业生就业情况

2012年，辽宁省中等职业学校毕业生总数为103 181人，就业学生数为99 340人，就业率为96.28%。与2011年相比，毕业生数和就业率都略有下降（见表3-6-1）。

表3-6-1

项目	2011年	2012年
毕业生数/人	112 918	103 181
就业人数/人	108 988	99 340
就业率/%	96.52	96.28

一、总体情况

（一）就业去向

辽宁省99 340名就业学生中到各种所有制企、事业单位的有74 118人，占全部就业学生的74.61%；合法从事个体经营的有13 799人，占13.89%；升入高一级学校就读的有11 423人，占11.50%。

（二）产业分布

从事第一产业的毕业生数为6 271人，占全部就业学生的6.31%；从事第二产业的为34 679人，占34.91%；从事第三产业的为58 390人，占58.78%。与2011年相比，从事第一产业和第二产业人数的比例均有所下降（见表3-6-2）。

表3-6-2

项目	2011年		2012年	
	就业人数/人	占就业人数比例/%	就业人数/人	占就业人数比例/%
第一产业	9 477	8.69	6 271	6.31
第二产业	39 756	36.48	34 679	34.91
第三产业	59 755	54.83	58 390	58.78

（三）就业地域

就业地域分为本地、异地和境外。本地就业的毕业生数为 72 689 人，占全部就业学生的 73.17%；异地就业的为 26 441 人，占 26.62%；境外就业的为 210 人，占 0.21%。与 2011 年相比，本地就业比例有所升高，异地就业比例有所下降（见表 3-6-3)。

表 3-6-3

项目	2011 年		2012 年	
	就业人数/人	占就业人数比例/%	就业人数/人	占就业人数比例/%
本　地	77 174	70.81	72 689	73.17
异　地	31 295	28.71	26 441	26.62
境　外	519	0.48	210	0.21

（四）就业渠道

通过学校推荐就业的毕业生数为 81 265 人，占全部就业学生的 81.80%；通过中介介绍就业的为 3 483 人，占 3.51%；通过其他渠道就业的为 14 592 人，占 14.69%。

与 2011 年相比，2012 年辽宁省中等职业学校毕业生就业呈现以下特点：

一是毕业生减少；合法从事个体经营和升入高一级学校就读的比例略有提高。2012 年毕业的学生比 2011 年减少 9 737 人，仅为 2011 年人数的 91.38%。2012 年继续升学的比例占就业学生总数的 11.50%，比 2011 年增加了 1.86%。

二是就业于第三产业毕业生人数的比例呈增长趋势，第三产业仍是中职毕业生就业的主要领域。另一方面，就业于第一、第二产业的毕业生数及占当年毕业生总数的比例都有所下降。

三是异地就业的比例有所下降。2012 年异地就业毕业生比例比 2011 年下降了 2.09%，而本地就业比例上升了 2.36%，中职学生为区域经济服务的贡献度不断增加。

二、各专业大类就业情况

根据《中等职业学校专业目录（2010 年修订)》确定的 19 个专业类别，各专业大类的就业情况如下：

从专业分类看，就业情况最好的专业是司法服务类，就业率达到 98.84%；其次是农林牧渔类，就业率为 98.26%；教育类、资源与环境类、旅游服务类、休闲保健类、交通运输类、财经商贸类、能源与新能源类、土木水利类、信息技术类、加工制造类的就业率处于平均水平以上；体育与健身类就业率最低，但保持在 89%以上。

从毕业生数看，加工制造类专业毕业生数最多，为 27 008 人，占毕业生总数的 26.18%；其次是信息技术类，毕业生数为 15 832 人，占 15.34%。毕业生数最少的是司法服务类专业，本年度毕业生数为 86 人，占 0.08%；其次是轻纺食品类，毕业生数为 475 人，占 0.46%。

从就业学生数看，加工制造类专业毕业生就业人数最多，为 26 132 人，占就业学生总数的 26.31%；其次是信息技术类，就业人数为 15 322 人，占 15.42%。毕业生就业人数最少的是司法服务类专业，本年度就业人数为 85 人，占 0.09%；其次是轻纺食品类，就业人数为 443 人，占 0.45%。各专业大类毕业生就业情况见表 3-6-4。

表 3-6-4

专业类别	毕业生数/人	就业人数/人	就业率/%
加工制造类	27 008	26 132	96.76
信息技术类	15 832	15 322	96.78
医药卫生类	10 363	9 552	92.17
交通运输类	8 074	7 881	97.61
财经商贸类	7 479	7 284	97.39
教育类	6 889	6 763	98.17
旅游服务类	5 807	5 676	97.74
农林牧渔类	5 128	5 039	98.26
文化艺术类	4 669	4 371	93.62
土木水利类	2 868	2 786	97.14
公共管理与服务类	1 838	1 733	94.29
石油化工类	1 586	1 449	91.36
休闲保健类	1 362	1 330	97.65
体育与健身类	1 022	914	89.43
其他类	982	909	92.57
资源与环境类	901	882	97.89
能源与新能源类	812	789	97.17
轻纺食品类	475	443	93.26
司法服务类	86	85	98.84
合计	103 181	99 340	96.28

吉林省中等职业学校毕业生就业情况

2012 年，吉林省中等职业学校毕业生总数为 89 817 人，就业学生数为 86 378 人，就业率为 96.17%。与 2011 年相比，毕业生数有所上升，就业率略有下降（见表 3-7-1）。

表 3-7-1

项目	2011 年	2012 年
毕业生数/人	64 091	89 817
就业人数/人	61 777	86 378
就业率/%	96.39	96.17

一、总体情况

（一）就业去向

吉林省 86 378 名就业学生中到各类所有制企、事业单位的有 69 444 人，占全部就业学生的 80.40%；合法从事个体经营的有 13 577 人，占 15.72%；升入高一级学校就读的有 3 357 人，占 3.88%。

（二）产业分布

从事第一产业的毕业生数为 10 878 人，占全部就业学生的 12.59%；从事第二产业的为 29 824 人，占 34.53%；从事第三产业的为 45 676 人，占 52.88%。与 2011 年相比，各产业从业人数的比例均持平（见表 3-7-2）。

表 3-7-2

项目	2011 年		2012 年	
	就业人数/人	占就业人数比例/%	就业人数/人	占就业人数比例/%
第一产业	7 780	12.59	10 878	12.59
第二产业	21 330	34.53	29 824	34.53
第三产业	32 667	52.88	45 676	52.88

（三）就业地域

就业地域分为本地、异地和境外。本地就业的毕业生数为 59 174 人，占全部就业学生数的 68.51%；异地就业的为 26 958 人，占 31.21%；境外就业的为 246 人，占 0.28%。与 2011 年相比，本地就业比例、异地就业比例及境外就业比例均持平（见表 3-7-3）。

表 3-7-3

项目	2011 年		2012 年	
	就业人数/人	占就业人数比例/%	就业人数/人	占就业人数比例/%
本　地	42 321	68.51	59 174	68.51
异　地	19 280	31.21	26 958	31.21
境　外	176	0.28	246	0.28

（四）就业渠道

通过学校推荐就业的毕业生数为 70 233 人，占全部就业学生数的 81.31%；通过中介介绍就业的为 2 725 人，占 3.15%；通过其他渠道就业的为 13 420 人，占 15.54%。

与 2011 年相比，2012 年吉林省中等职业学校毕业生就业呈现以下特点：

一是毕业生显著增加；升入高一级学校就读的比例下降。2012 年毕业的学生比 2011 年增加 25 726 人，增长率为 40.14%。到各类所有制企事业单位就业和合法从事个体经营的毕业生数及比例都有所增长。2012 年继续升学的比例占就业学生总数的 3.88%，比 2011 年降低了 7.76%。

二是就业于第三产业毕业生人数显著增多，第三产业仍是中职毕业生就业的主要领域。就业于第一、第二产业的毕业生数及占当年毕业生总数的比例分别与 2011 年持平。

三是就业地域的比例不变。2012 年异地就业毕业生比例、本地就业比例、境外就业比例均与 2011 年持平。

二、各专业大类就业情况

根据《中等职业学校专业目录（2010 年修订）》确定的 19 个专业类别，各专业大类的就业情况如下：

从专业分类看，就业情况最好的专业是土木水利类，就业率达到 98.46%；其次是石油化工类，就业率为98.43%；加工制造类、轻纺食品类、旅游服务类、文化艺术类、交通运输类、休闲保健类、财经商贸类的就业率处于平均水平以上；能源与新能源类的就业率保持在89%以上。

从毕业生数看，农林牧渔类专业毕业生数最多，为22 337人，占毕业生总数的24.87%；其次是医药卫生类，毕业生数为12 252人，占13.64%。毕业生数最少的是司法服务类专业，2012年度毕业生数为46人，占0.05%；其次是轻纺食品类，毕业生数为208人，占0.23%。

从就业学生数看，农林牧渔类专业毕业生就业人数最多，为21 474人，占就业学生总数的24.86%；其次是医药卫生类，就业人数为11 705人，占13.55%。毕业生就业人数最少的是司法服务类专业，2012年度就业人数为43人，占0.05%；其次是轻纺食品类，就业人数为203人，占0.24%。各专业大类毕业生就业情况见表3-7-4。

表3-7-4

专业类别	毕业生数/人	就业人数/人	就业率/%
农林牧渔类	22 337	21 474	96.14
医药卫生类	12 252	11 705	95.54
加工制造类	11 881	11 597	97.61
信息技术类	11 735	11 210	95.53
财经商贸类	6 767	6 510	96.20
教育类	4 565	4 319	94.61
交通运输类	4 440	4 287	96.55
土木水利类	3 384	3 332	98.46
旅游服务类	3 035	2 951	97.23
文化艺术类	2 312	2 244	97.06
其他类	2 245	2 148	95.68
休闲保健类	1 576	1 518	96.32
资源环境类	826	753	91.16
公共管理与服务类	775	745	96.13
体育与健身类	664	616	92.77
石油化工类	381	375	98.43
能源与新能源类	388	348	89.69
轻纺食品类	208	203	97.60
司法服务类	46	43	93.48
合计	89 817	86 378	96.17

黑龙江省中等职业学校毕业生就业情况

2012 年，黑龙江省中等职业学校毕业生总数为 84 330 人，就业学生数为 78 767 人，就业率为 93.40%。与 2011 年相比，毕业生数有较大幅度上升，就业率有所提升（见表 3-8-1）。

表 3-8-1

项目	2011 年	2012 年
毕业生数/人	68 197	84 330
就业人数/人	61 814	78 767
就业率/%	90.64	93.40

一、总体情况

（一）就业去向

黑龙江省 78 767 名就业学生中到各种所有制企、事业单位的有 42 712 人，占全部就业学生的 54.23%；合法从事个体经营的有 26 472 人，占 33.61%；升入高一级学校就读的有 9 583 人，占 12.16%。

（二）产业分布

从事第一产业的毕业生数为 12 060 人，占全部就业学生的 15.31%；从事第二产业的为 12 063 人，占 15.31%；从事第三产业的为 54 644 人，占 69.38%。与 2011 年相比，从事第一产业和第二产业人数的比例均有所下降（见表 3-8-2）。

表 3-8-2

项目	2011 年		2012 年	
	就业人数/人	占就业人数比例/%	就业人数/人	占就业人数比例/%
第一产业	12 040	19.48	12 060	15.31
第二产业	14 661	23.72	12 063	15.31
第三产业	35 113	56.80	54 644	69.38

（三）就业地域

就业地域分为本地、异地和境外。本地就业的毕业生数为 58 320 人，占全部就业学生数的 74.04%；异地就业的为 19 969 人，占 25.35%；境外就业的为 478 人，占 0.61%。与 2011 年相比，本地就业比例有所升高，异地就业比例有所下降（见表 3-8-3）。

表 3-8-3

项目	2011 年		2012 年	
	就业人数/人	占就业人数比例/%	就业人数/人	占就业人数比例/%
本　地	39 424	63.78	58 320	74.04
异　地	21 571	34.90	19 969	25.35
境　外	819	1.32	478	0.61

（四）就业渠道

通过学校推荐就业的毕业生数为 53 596 人，占全部就业学生数的 68.04%；通过中介介绍就业的为 3 864 人，占 4.91%；通过其他渠道就业的为 21 307 人，占 27.05%。

与 2011 年相比，2012 年黑龙江省中等职业学校毕业生就业呈现以下特点：

一是毕业生数增加；到各类所有制企、事业单位就业的和升入高一级学校就读的学生比例下降，而合法从事个体经营的学生比例上升。2012 年毕业的学生比 2011 年增加 16 133 人，增长率为 23.66%。2012 年继续升学的比例占就业学生总数的 12.16%，比 2011 年降低了 2.92%。

二是就业于第三产业毕业生人数的比例呈快速增长趋势，比 2011 年增长了 12.57%，第三产业仍然是中职毕业生就业的主要领域。就业于第一、第二产业的毕业生数及占当年就业学生总数的比例都有所下降。

三是异地就业的比例有所下降。2012 年异地就业毕业生比例比 2011 年下降了 9.55%，而本地就业比例上升了 10.26%，说明中职学生为区域经济增长所吸引，越来越多的中职毕业生选择本地就业。

二、各专业大类就业情况

根据《中等职业学校专业目录（2010 年修订）》确定的 19 个专业类别，各专业大类的就业情况如下：

从专业分类看，就业情况最好的专业是休闲保健类，就业率达到 99.52%；其次是资源环境类，就业率为 99.42%；其他类、司法服务类、公共管理与服务类、加工制造类、轻纺食品类、旅游服务类、交通运输类、信息技术类的就业率处于平均水平以上；体育与健身类就业率保持在 61%以上。

从毕业生数看，信息技术类专业毕业生数最多，为 15 860 人，占毕业生总数的 18.81%；其次是农林牧渔类，毕业生数为 13 200 人，占 15.65%。石油化工类和能源与新能源类专业本年度无毕业生；司法服务类毕业生数为 118 人，占 0.14%。

从就业学生数看，信息技术类专业毕业生就业人数最多，为 14 894 人，占就业学生总数的 18.91%；其次是农林牧渔类，就业人数为 12 060 人，占 15.31%。石油化工类和能源与新能源类专业，本年度无就业人数；司法服务类就业人数为 116 人，占 0.15%。各专业大类毕业生就业情况见表 3-8-4。

表 3-8-4

专业类别	毕业生数/人	就业人数/人	就业率/%
信息技术类	15 860	14 894	93.91
农林牧渔类	13 200	12 060	91.36
医药卫生类	12 985	11 972	92.20
加工制造类	10 463	10 157	97.08
交通运输类	6 113	5 758	94.19
旅游服务类	5 210	4 973	95.45
财经商贸类	5 125	4 685	91.41
其他类	3 809	3 747	98.37
文化艺术类	3 420	3 074	89.88
教育类	2 621	2 373	90.54
土木水利类	2 217	1 906	85.97
公共管理与服务类	1 899	1 854	97.63
资源环境类	520	517	99.42
轻纺食品类	363	352	96.97
休闲保健类	207	206	99.52
体育与健身类	200	123	61.50
司法服务类	118	116	98.31
能源与新能源类	0	0	0.00
石油化工类	0	0	0.00
合计	84 330	78 767	93.40

上海市中等职业学校毕业生就业情况

2012 年，上海市中等职业学校毕业生总数为 39 834 人，就业学生数为 39 008 人，就业率为 97.93%。与 2011 年相比，毕业生数和就业率都有所下降（见表 3-9-1）。

表 3-9-1

项目	2011 年	2012 年
毕业生数/人	44 529	39 834
就业人数/人	43 617	39 008
就业率/%	97.95	97.93

一、总体情况

（一）就业去向

上海市 39 008 名就业学生中到各类所有制企、事业单位的有 22 961 人，占全部就业学生的 58.86%；合法从事个体经营的有 1 519 人，占 3.90%；升入高一级学校就读的 14 528 人，占 37.24%。

（二）产业分布

从事第一产业的毕业生数为 15 人，占全部就业学生的 0.04%；从事第二产业的为 7 283 人，占 18.67%；从事第三产业的为 31 710 人，占 81.29%。与 2011 年相比，从事第一产业和第二产业人数的比例均有所下降（见表 3-9-2）。

表 3-9-2

项目	2011 年		2012 年	
	就业人数/人	占就业人数比例/%	就业人数/人	占就业人数比例/%
第一产业	42	0.09	15	0.04
第二产业	8 923	20.46	7 283	18.67
第三产业	34 652	79.45	31 710	81.29

（三）就业地域

就业地域分为本地、异地和境外。本地就业的毕业生数为 36 055 人，占全部就业学生的 92.43%；异地就业的为 2 735 人，占 7.01%；境外就业的为 218 人，占 0.56%。与 2011 年相比，本地就业比例有所升高，异地就业比例有所下降（见表 3-9-3）。

表 3-9-3

项目	2011 年		2012 年	
	就业人数/人	占就业人数比例/%	就业人数/人	占就业人数比例/%
本　地	39 324	90.16	36 055	92.43
异　地	4 075	9.34	2 735	7.01
境　外	218	0.50	218	0.56

（四）就业渠道

通过学校推荐就业的毕业生数为 30 627 人，占全部就业学生的 78.51%；通过中介介绍就业的为 8 249 人，占 21.15%；通过其他渠道就业的为 132 人，占 0.34%。

与 2011 年相比，2012 年上海市中等职业学校毕业生就业呈现以下特点：

一是毕业生有所减少；到各类所有制企、事业单位就业和合法从事个体经营的毕业生的比例有所下降，升入高一级学校就读的学生比例有所提高。2012 年毕业的学生比 2011 年减少 4 695 人，仅为 2011 年人数的 89.46%。上海市推行中高职贯通教育模式，2012 年继续升学的比例占就业学生总数的 37.24%，比 2011 年增加了 3.67%。

二是就业于第三产业毕业生比例呈迅速增长趋势，第三产业是中职毕业生就业的主要领域。就业于第一、第二产业的毕业生人数及占当年毕业生总数的比例有所下降。

三是本地就业的比例有所增长。2012 年异地就业毕业生比例比 2011 年降低了 2.33%，而本地就业比例上升了 2.27%，说明区域经济增长对本地中职毕业生有较强的吸引和消化能力。

二、各专业大类就业情况

根据《中等职业学校专业目录（2010 年修订）》确定的 19 个专业类别，各专业大类的就业情况如下：

从专业分类看，就业情况最好的专业是能源与新能源类，就业率达到 99.71%；其次是石油化工类，就业率为 99.58%；土木水利类、财经商贸类、医药卫生类、资源环境类、轻纺食品类、休闲保健类、加工制造类的就业率处于平均水平以上；体育与健身类就业率保持在 87%以上。

从毕业生数看，财经商贸类专业毕业生数最多，为 9 095 人，占毕业生总数的 22.83%；其次是加工制造类，毕业生数为 7 582 人，占 19.03%。教育类专业 2012 年度无毕业生；司法服务类毕业生数为 87 人，占 0.22%。

从就业学生数看，财经商贸类专业毕业生就业人数最多，为 8 951 人，占就业学生总数的 22.95%；其次是加工制造类，就业人数为 7 429 人，占 19.04%。教育类专业 2012 年度无就业人数；司法服务类就业人数为 83 人，占 0.21%。各专业大类毕业生就业情况见表 3-9-4。

表 3-9-4

专业类别	毕业生数/人	就业人数/人	就业率/%
财经商贸类	9 095	8 951	98.42
加工制造类	7 582	7 429	97.98
交通运输类	5 118	5 001	97.71
信息技术类	3 464	3 383	97.66
医药卫生类	3 208	3 156	98.38
旅游服务类	1 966	1 925	97.91
文化艺术类	1 871	1 799	96.15
公共管理与服务类	1 635	1 584	96.88
土木水利类	1 368	1 356	99.12
其他类	1 321	1 282	97.05
石油化工类	960	956	99.58
资源环境类	604	594	98.34
轻纺食品类	505	496	98.22
能源与新能源类	348	347	99.71
农林牧渔类	319	310	97.18
休闲保健类	205	201	98.05
体育与健身类	178	155	87.08
司法服务类	87	83	95.40
教育类	0	0	0.00
合计	39 834	39 008	97.93

江苏省中等职业学校毕业生就业情况

2012 年，江苏省中等职业学校毕业生总数为 224 828 人，就业学生数为 220 791 人，就业率为 98.20%。与 2011 年相比，毕业生数有所提升，就业率有所下降（见表 3-10-1）。

表 3-10-1

项目	2011 年	2012 年
毕业生数/人	222 471	224 828
就业人数/人	218 820	220 791
就业率/%	98.36	98.20

一、总体情况

(一) 就业去向

江苏省 220 791 名就业学生中到各类所有制企、事业单位的有 165 145 人，占全部就业学生的 74.80%；合法从事个体经营的有 15 474 人，占 7.01%；升入高一级学校就读的有 40 172 人，占 18.19%。

(二) 产业分布

从事第一产业的毕业生数为 16 471 人，占全部就业学生的 7.46%；从事第二产业的为 88 596 人，占 40.13%；从事第三产业的为 115 724 人，占 52.41%。与 2011 年相比，从事第一产业的人数和比例有所提升，从事第二产业的人数和比例有较大幅度下降（见表 3-10-2）。

表 3-10-2

项目	2011 年		2012 年	
	就业人数/人	占就业人数比例/%	就业人数/人	占就业人数比例/%
第一产业	4 760	2.18	16 471	7.46
第二产业	104 056	47.55	88 596	40.13
第三产业	110 004	50.27	115 724	52.41

（三）就业地域

就业地域分为本地、异地和境外。本地就业的毕业生数为 172 659 人，占全部就业学生的 78.20%；异地就业的为 47 958 人，占 21.72%；境外就业的为 174 人，占 0.08%。与 2011 年相比，本地就业比例有所下降，异地就业比例有所上升（见表 3-10-3）。

表 3-10-3

项目	2011 年		2012 年	
	就业人数/人	占就业人数比例/%	就业人数/人	占就业人数比例/%
本　地	175 351	80.13	172 659	78.20
异　地	43 308	19.79	47 958	21.72
境　外	161	0.08	174	0.08

（四）就业渠道

通过学校推荐就业的毕业生数为 180 564 人，占全部就业学生的 81.78%；通过中介介绍就业的为 6 149 人，占 2.79%；通过其他渠道就业的为 34 078 人，占 15.43%。

与 2011 年相比，2012 年江苏省中等职业学校毕业生就业呈现以下特点：

一是毕业生数量有所提升；到各类所有制企、事业单位就业的毕业生比例有所下降，合法从事个体经营和升入高一级学校就读的学生比例继续提高。2012 年毕业的学生比 2011 年增加 2 357 人，增长率为 1.06%。2012 年继续升学的比例占就业学生总数的 18.19%，比 2011 年增加了 3.18%，江苏中高职衔接工作稳步推进。

二是就业于第一、第三产业毕业生比例呈增长趋势，第三产业仍是中职毕业生就业的主要领域。就业于第二产业的毕业生数及占当年毕业生总数的比例有所下降。

三是异地就业的比例有所增长。2012 年异地就业毕业生比例比 2011 年增长了 1.93%，本地就业比例下降了 1.93%。这说明中职学生的就业地选择范围有所拓展。

二、各专业大类就业情况

根据《中等职业学校专业目录（2010 年修订）》确定的 19 个专业类别，各专业大类的就业情况如下：

从专业分类看，司法服务类，就业率为 100.00%；石油化工类、资源环境类、加工制造类、旅游服务类的就业率处于平均水平以上；体育与健身类的就业率最低，但也保持在85%以上。

从毕业生数看，加工制造类专业毕业生数最多，为73 882人，占毕业生总数的32.86%；其次是信息技术类，毕业生数为35 913人，占15.97%。毕业生数最少的是休闲保健类专业，2012年度毕业生数为324人，占0.14%；其次是司法服务类，毕业生数为411人，占0.18%。

从就业学生数看，加工制造类专业毕业生就业人数最多，为72 848人，占就业学生总数的32.99%；其次是信息技术类，就业人数为35 220人，占15.95%。毕业生就业人数最少的是休闲保健类专业，2012年度为308人，占0.14%；其次是司法服务类，就业人数为411人，占0.19%。各专业大类毕业生就业情况见表3-10-4。

表3-10-4

专业类别	毕业生数/人	就业人数/人	就业率/%
加工制造类	73 882	72 848	98.60
信息技术类	35 913	35 220	98.07
财经商贸类	27 508	26 835	97.55
旅游服务类	14 392	14 162	98.40
交通运输类	12 482	12 162	97.44
医药卫生类	10 103	9 901	98.00
土木水利类	9 570	9 329	97.48
文化艺术类	8 742	8 528	97.55
农林牧渔类	7 608	7 377	96.96
轻纺食品类	6 130	5 935	96.82
石油化工类	5 479	5 426	99.03
教育类	4 186	4 107	98.11
其他类	3 545	3 994	112.67
公共管理与服务类	2 200	2 051	93.23
能源与新能源类	987	951	96.35
体育与健身类	769	657	85.44
资源环境类	597	589	98.66
司法服务类	411	411	100.00
休闲保健类	324	308	95.06
合计	224 828	220 791	98.20

浙江省中等职业学校毕业生就业情况

2012 年，浙江省中等职业学校毕业生总数为 198 563 人，就业学生数为 194 015 人，就业率为 97.7%。与 2011 年相比，毕业生数和就业率都有上升（见表 3-11-1）。

表 3-11-1

项目	2011 年	2012 年
毕业生数/人	195 155	198 563
就业人数/人	190 216	194 015
就业率/%	97.5	97.7

一、总体情况

（一）就业去向

浙江省 194 015 名就业学生中到各类所有制企、事业单位的有 108 175 人，占全部就业学生的 55.75%；合法从事个体经营的有 38 315 人，占 19.75%；升入高一级学校就读的有 47 525 人，占 24.50%。

（二）产业分布

从事第一产业的毕业生数为 3 926 人，占全部就业学生的 2.02%；从事第二产业的为 57 432 人，占 29.60%；从事第三产业的为 132 657 人，占 68.38%。与 2011 年相比，从事第一产业人数及比例略有上升，第二产业人数及比例有所下降（见表 3-11-2）。

表 3-11-2

项目	2011 年		2012 年	
	就业人数/人	占就业人数比例/%	就业人数/人	占就业人数比例/%
第一产业	3 735	1.96	3 926	2.02
第二产业	57 240	30.09	57 432	29.60
第三产业	129 241	67.95	132 657	68.38

（三）就业地域

就业地域分为本地、异地和境外。本地就业的毕业生数为 164 640 人，占全部就业学生的 84.86%；异地就业的为 28 810 人，占 14.85%；境外就业的为 565 人，占 0.29%。与 2011 年相比，本地就业比例有所升高，异地就业比例有所下降（见表 3-11-3）。

表 3-11-3

项目	2011 年		2012 年	
	就业人数/人	占就业人数比例/%	就业人数/人	占就业人数比例/%
本　地	152 853	80.36	164 640	84.86
异　地	36 786	19.34	28 810	14.85
境　外	577	0.30	565	0.29

（四）就业渠道

通过学校推荐就业的毕业生数为 145 326 人，占全部就业学生的 74.90%；通过中介介绍就业的为 3 803 人，占 1.96%；通过其他渠道就业的为 44 886 人，占 23.14%。

与 2011 年相比，2012 年浙江省中等职业学校毕业生就业呈现以下特点：

一是毕业生增加；到各类所有制企、事业单位就业的毕业生比例下降，合法从事个体经营和升入高一级学校就读的毕业生比例提高。2012 年毕业的学生比 2011 年增加 3 799 人，增长率为 1.75%。2012 年继续升学的比例占就业学生总数的 24.50%，比 2011 年增加了 5.31%，表明浙江中高职衔接政策不断优化。

二是就业于第一、第三产业毕业生人数的比例呈增长趋势，第三产业是毕业生就业的主要领域。就业于第二产业的毕业生占当年毕业生总数的比例有所下降。就业产业分布总体基本稳定。

三是异地就业的比例有所下降。2012 年异地就业毕业生比例比 2011 年下降了 4.49%，而本地就业比例上升了 4.50%，说明中职学生为区域经济增长所做贡献在增加。

二、各专业大类就业情况

根据《中等职业学校专业目录（2010 年修订）》确定的 19 个专业类别，各专业大类的就业情况如下：

从专业分类看，就业情况最好的专业是医药卫生类，就业率达到 106.31%；其次是旅游服务类，就业率为 105.36%；加工制造类、轻纺食品类、文化艺术类的就业率都超过了 100%；其他类的就业率最低，为 66.31%。

从毕业生数看，加工制造类专业毕业生数最多，为 45 795 人，占毕业生总数的 23.06%；其次是财经商贸类，毕业生数为 43 873 人，占 22.10%。毕业生数最少的是资源环境类专业，毕业生数为 212 人，占 0.11%；其次是能源与新能源类，毕业生数为 326 人，占 0.16%。

从就业学生数看，加工制造类专业毕业生就业人数最多，为 47 457 人，占就业学生总数的 24.46%；其次是财经商贸类，就业人数为 42 651 人，占 21.98%。毕业生就业人数最少的是资源环境类专业，就业人数为 201 人，占 0.10%；其次是能源与新能源类，就业人数为 318 人，占 0.16%。各专业大类毕业生就业情况见表 3-11-4。

表 3-11-4

专业类别	毕业生数/人	就业人数/人	就业率/%
加工制造类	45 795	47 457	103.63
财经商贸类	43 873	42 651	97.21
信息技术类	24 327	23 869	98.12
旅游服务类	15 790	16 636	105.36
其他类	14 902	9 882	66.31
文化艺术类	10 872	11 166	102.70
交通运输类	10 573	10 255	96.99
教育类	8 501	8 375	98.52
土木水利类	5 693	5 468	96.05
医药卫生类	5 655	6 012	106.31
公共管理与服务类	3 752	3 622	96.54
农林牧渔类	3 405	3 308	97.15
轻纺食品类	2 196	2 258	102.82
石油化工类	914	890	97.37
体育与健身类	895	797	89.05
休闲保健类	468	449	95.94
司法服务类	414	401	96.86
能源与新能源类	326	318	97.55
资源环境类	212	201	94.81
合计	198 563	194 015	97.71

安徽省中等职业学校毕业生就业情况

2012 年，安徽省中等职业学校毕业生总数为 212 326 人，就业学生数为 207 070 人，就业率为 97.52%。与 2011 年相比，毕业生数有较大幅度下降，就业率有所下降（见表 3-12-1）。

表 3-12-1

项目	2011 年	2012 年
毕业生数/人	241 350	212 326
就业人数/人	236 564	207 070
就业率/%	98.02	97.52

一、总体情况

(一) 就业去向

安徽省 207 070 名就业学生中到各类所有制企、事业单位的有 169 481 人，占全部就业学生的 81.85%；合法从事个体经营的有 13 958 人，占 6.74%；升入高一级学校就读的有 23 631 人，占 11.41%。

(二) 产业分布

从事第一产业的毕业生数为 13 132 人，占全部就业学生的 6.34%；从事第二产业的为 88 570 人，占 42.77%；从事第三产业的为 105 368 人，占 50.89%。与 2011 年相比，从事第一产业和第二产业人数的比例均有所下降（见表 3-12-2）。

表 3-12-2

项目	2011 年		2012 年	
	就业人数/人	占就业人数比例/%	就业人数/人	占就业人数比例/%
第一产业	27 910	11.80	13 132	6.34
第二产业	103 854	43.90	88 570	42.77
第三产业	104 800	44.30	105 368	50.89

（三）就业地域

就业地域分为本地、异地和境外。本地就业的毕业生数为 131 481 人，占全部就业学生的 63.50%；异地就业的为 75 491 人，占 36.45%；境外就业的为 98 人，占 0.05%。与 2011 年相比，本地就业比例有所上升，异地就业比例有所下降（见表 3-12-3）。

表 3-12-3

项目	2011 年		2012 年	
	就业人数/人	占就业人数比例/%	就业人数/人	占就业人数比例/%
本　地	131 980	55.79	131 481	63.50
异　地	104 408	44.14	75 491	36.45
境　外	176	0.07	98	0.05

（四）就业渠道

通过学校推荐就业的毕业生数为 167 888 人，占全部就业学生的 81.08%；通过中介介绍就业的为 12 802 人，占 6.18%；通过其他渠道就业的为 26 380 人，占 12.74%。

与 2011 年相比，2012 年安徽省中等职业学校毕业生就业呈现以下特点：

一是毕业生显著减少；到各类所有制企、事业单位就业的毕业生比例减少；合法从事个体经营和升入高一级学校就读的毕业生比例继续提高。2012 年毕业的学生比 2011 年减少 29 024 人，仅为 2011 年人数的 87.53%。2012 年继续升学的比例占就业学生总数的 11.41%，比 2011 年增加了 0.25%。

二是就业于第三产业毕业生比例呈快速增长趋势，第三产业仍是中职毕业生就业的主要领域。就业于第一、第二产业的毕业生数及占当年毕业生总数的比例有所下降。

三是异地就业的比例有所降低。2012 年本地就业比例增加了 7.71%，而异地就业人员比例比 2011 年减少了 7.68%，说明中职学生更多地倾向于本地就业，中等职业学校为当地输送了大批技术人才。

二、各专业大类就业情况

根据《中等职业学校专业目录（2010 年修订）》确定的 19 个专业类别，各专业大类的就业情况如下：

从专业分类看，就业情况最好的专业是石油化工类，就业率达到 99.53%；其次是加工制造类，就业率为 99.01%；轻纺食品类、休闲保健类、信息技术类、教育类、旅游服务类的就业率处于平均水平以上；体育与健身类就业率保持在 95%以上。

从毕业生数看，加工制造类专业毕业生数最多，为 54 736 人，占毕业生总数的 25.78%；其次是信息技术类，毕业生数为 45 486 人，占 21.42%。毕业生数最少的是司法服务类专业，为 56 人，占 0.03%；其次是资源环境类，毕业生数为 433 人，占 0.2%。

从就业学生数看，加工制造类专业毕业生就业人数最多，为 54 193 人，占就业学生总数的 26.17%；其次是信息技术类，就业人数为 44 709 人，占 21.59%。毕业生就业人数最少的是司法服务类专业，为 54 人，占 0.03%；其次是资源环境类，就业人数为 413 人，占 0.2%。各专业大类毕业生就业情况见表 3-12-4。

表 3-12-4

专业类别	毕业生数/人	就业人数/人	就业率/%
加工制造类	54 736	54 193	99.01
信息技术类	45 486	44 709	98.29
财经商贸类	17 890	17 283	96.61
医药卫生类	13 510	12 901	95.49
其他类	10 020	9 627	96.08
教育类	8 863	8 694	98.09
交通运输类	8 830	8 558	96.92
农林牧渔类	8 354	7 990	95.64
土木水利类	7 653	7 393	96.60
能源与新能源类	7 644	7 308	95.60
旅游服务类	7 562	7 379	97.58
公共管理与服务类	7 315	7 003	95.73
文化艺术类	6 974	6 707	96.17
轻纺食品类	2 167	2 137	98.62
石油化工类	1 915	1 906	99.53
体育与健身类	1 807	1 722	95.30
休闲保健类	1 111	1 093	98.38
资源环境类	433	413	95.38
司法服务类	56	54	96.43
合计	212 326	207 070	97.52

福建省中等职业学校毕业生就业情况

2012 年，福建省中等职业学校毕业生总数为 142 754 人，就业学生数为 139 235 人，就业率为 97.53%。与 2011 年相比，毕业生数和就业人数均有所下降，就业率略有上升（见表 3-13-1）。

表 3-13-1

项目	2011 年	2012 年
毕业生数/人	159 431	142 754
就业人数/人	155 170	139 235
就业率/%	97.33	97.53

一、总体情况

（一）就业去向

福建省 139 235 名就业学生中到各类所有制企、事业单位的有 104 571 人，占全部就业学生的 75.10%；合法从事个体经营的有 19 436 人，占 13.96%；升入高一级学校就读的有 15 228 人，占 10.94%。

（二）产业分布

从事第一产业的毕业生数为 10 317 人，占全部就业学生的 7.41%；从事第二产业的为 41 812 人，占 30.03%；从事第三产业的为 87 106 人，占 62.56%。与 2011 年相比，从事第一产业和第三产业人数的比例有所上升，从事第二产业人数的比例有所下降（见表 3-13-2）。

表 3-13-2

项目	2011 年		2012 年	
	就业人数/人	占就业人数比例/%	就业人数/人	占就业人数比例/%
第一产业	7 959	5.13	10 317	7.41
第二产业	57 464	37.03	41 812	30.03
第三产业	89 747	57.84	87 106	62.56

（三）就业地域

就业地域分为本地、异地和境外。本地就业的毕业生数为 110 484 人，占全部就业学生的 79.35%；异地就业的为 27 600 人，占 19.82%；境外就业的为 1 151 人，占 0.83%。与 2011 年相比，本地就业比例有所下降，异地就业比例有所升高（见表 3-13-3）。

表 3-13-3

项目	2011 年		2012 年	
	就业人数/人	占就业人数比例/%	就业人数/人	占就业人数比例/%
本　地	131 884	84.99	110 484	79.35
异　地	21 599	13.92	27 600	19.82
境　外	1 687	1.09	1 151	0.83

（四）就业渠道

通过学校推荐就业的毕业生数为 97 749 人，占全部就业学生的 70.20%；通过中介介绍就业的为 5 246 人，占 3.77%；通过其他渠道就业的为 36 240 人，占 26.03%。

与 2011 年相比，2012 年福建省中等职业学校毕业生就业呈现以下特点：

一是毕业生数减少。2012 年毕业的学生比 2011 年减少 16 677 人，减少了 10.46%。到各类所有制企事业单位就业和升入高一级学校就读的毕业生比例有所下降，合法从事个体经营的中职毕业生占 13.96%，比 2011 年增加了 2.85%。

二是就业于第一、第三产业毕业生比例呈增长趋势，第三产业是中职毕业生就业的主要领域。就业于第二产业的毕业生数及占当年毕业生总数的比例有所下降。

三是异地就业的比例有所增长。2012 年异地就业毕业生比例比 2011 年增长了 5.9%，而本地就业比例降低了 5.64%，说明中等职业学校毕业生的就业地有所拓展。

二、各专业大类就业情况

根据《中等职业学校专业目录（2010 年修订）》确定的 19 个专业类别，各专业大类的就业情况如下：

从专业分类看，就业情况最好的专业是司法服务类，就业率达到 100%；其次是能源与新能源类，就业率为 99.36%；财经商贸类、石油化工类、教育类、信息技术类、加工制造类、文化艺术类、医药卫生类、旅游服务类、农林牧渔类的就业率处于平均水平以上；其他类就业率保持在 78% 以上。

从毕业生数看，信息技术类专业毕业生人数最多，为 26 715 人，占毕业生总数的 18.71%；其次是财经商贸类，毕业生数为 25 600 人，占 17.93%。毕业生数最少的是司法服务类专业，为 19 人，占 0.01%；其次是资源环境类，毕业生数为 265 人，占 0.19%。

从就业学生数看，信息技术类专业毕业生就业人数最多，为 26 233 人，占就业学生总数的 18.84%；其次是财经商贸类，就业人数为 25 178 人，占 18.08%。毕业生就业人数最少的是司法服务类专业，就业人数为 19 人，占 0.01%；其次是资源环境类，就业人数为 254 人，占 0.18%。各专业大类毕业生就业情况见表 3-13-4。

表 3-13-4

专业类别	毕业生数/人	就业人数/人	就业率/%
信息技术类	26 715	26 233	98.20
财经商贸类	25 600	25 178	98.35
加工制造类	20 176	19 800	98.14
交通运输类	11 922	11 589	97.21
农林牧渔类	9 875	9 657	97.79
旅游服务类	9 706	9 500	97.88
教育类	9 218	9 061	98.30
医药卫生类	8 985	8 795	97.89
文化艺术类	6 646	6 512	97.98
土木水利类	3 944	3 829	97.08
公共管理与服务类	3 215	2 996	93.19
其他类	2 424	1 899	78.34
轻纺食品类	1 400	1 355	96.79
石油化工类	909	894	98.35
休闲保健类	762	743	97.51
体育与健身类	662	612	92.45
能源与新能源类	311	309	99.36
资源环境类	265	254	95.85
司法服务类	19	19	100.00
合计	142 754	139 235	97.53

江西省中等职业学校毕业生就业情况

2012 年，江西省中等职业学校毕业生总数为 190 751 人，就业学生数为 182 988 人，就业率为 95.93%。与 2011 年相比，毕业生数有较大幅度增长，就业率也有所提升（见表 3-14-1）。

表 3-14-1

项目	2011 年	2012 年
毕业生数/人	127 282	190 751
就业人数/人	121 946	182 988
就业率/%	95.81	95.93

一、总体情况

（一）就业去向

江西省 182 988 名就业学生中到各类所有制企、事业单位的有 144 216 人，占全部就业学生的 78.81%；合法从事个体经营的有 29 278 人，占 16.00%；升入高一级学校就读的有 9 494 人，占 5.19%。

（二）产业分布

从事第一产业的毕业生数为 14 022 人，占全部就业学生的 7.67%；从事第二产业的为 40 884 人，占 22.34%；从事第三产业的为 128 082 人，占 69.99%。与 2011 年相比，从事第二产业人数的比例有所下降，从事第一产业和第三产业人数的比例均有所上升（见表 3-14-2）。

表 3-14-2

项目	2011 年		2012 年	
	就业人数/人	占就业人数比例/%	就业人数/人	占就业人数比例/%
第一产业	4 991	4.09	14 022	7.67
第二产业	51 488	42.22	40 884	22.34
第三产业	65 467	53.69	128 082	69.99

（三）就业地域

就业地域分为本地、异地和境外。本地就业的毕业生数为 51 236 人，占全部就业学生的 28.00%；异地就业的为 131 752 人，占 72.00%；无人员境外就业。与 2011 年相比，本地就业比例有所下降，异地就业比例有所升高（见表 3-14-3）。

表 3-14-3

项目	2011 年		2012 年	
	就业人数/人	占就业人数比例/%	就业人数/人	占就业人数比例/%
本　地	61 535	50.46	51 236	28.00
异　地	60 367	49.50	131 752	72.00
境　外	44	0.04	0	0

（四）就业渠道

通过学校推荐就业的毕业生数为 128 091 人，占全部就业学生数的 70.00%；通过中介介绍就业的为 18 300 人，占 10.00%；通过其他渠道就业的为 36 597 人，占 20.00%。

与 2011 年相比，2012 年江西省中等职业学校毕业生就业呈现以下特点：

一是毕业生显著增加。2012 年毕业的学生比 2011 年增加 63 469 人，增长率为 49.86%。到各类所有制企、事业单位就业和升入高一级学校就读的毕业生比例有所下降；合法从事个体经营的中职毕业生比例增加；继续升学的比例占就业学生总数的 5.19%。

二是就业于第一、第三产业毕业生比例呈增长趋势，第三产业是中职毕业生就业的主要领域。就业于第二产业的毕业生数及占当年毕业生总数的比例大幅下降。

三是异地就业的比例有所增长。2012 年异地就业毕业生比例比 2011 年增长了 22.50%，而本地就业比例降低了 22.46%，说明中职毕业生的就业地有所拓展。

二、各专业大类就业情况

根据《中等职业学校专业目录（2010 年修订）》确定的 19 个专业类别，各专业大类的就业情况如下：

从专业分类看，就业情况最好的专业是资源环境类、能源与新能源类、石油化工类、休闲保健类，就业率达到 100%；医药卫生类、信息技术类、土木水利类、体育与健身类、加工制造类、农林牧渔类的就业率处于平均水平以上；司法服务类、财经商贸类就业率保持在 89%以上。

从毕业生数看，信息技术类专业毕业生数最多，为 52 253 人，占毕业生总数的 27.39%；其次是加工制造类，毕业生数为 36 295 人，占 19.03%。毕业生数最少的是资源环境类专业，毕业生数为 322 人，占 0.17%；其次是休闲保健类，毕业生数为 420 人，占 0.22%。

从就业学生数看，信息技术类专业毕业生就业人数最多，为 51 207 人，占就业学生总数的 27.98%；其次是加工制造类，就业人数为 34 843 人，占 19.04%。毕业生就业人数最少的是资源环境类专业，就业人数为 322 人，占 0.18%；其次是休闲保健类，就业人数为 420 人，占 0.23%。各专业大类毕业生就业情况见表 3-14-4。

表 3-14-4

专业类别	毕业生数/人	就业人数/人	就业率/%
信息技术类	52 253	51 207	98.00
加工制造类	36 295	34 843	96.00
医药卫生类	22 444	21 995	98.00
教育类	15 834	15 042	95.00
农林牧渔类	14 607	14 022	96.00
财经商贸类	12 033	10 829	89.99
文化艺术类	6 829	6 146	90.00
旅游服务类	5 784	5 494	94.99
公共管理与服务类	4 866	4 574	94.00
轻纺食品类	4 769	4 435	93.00
土木水利类	4 043	3 962	98.00
交通运输类	3 925	3 728	94.98
其他类	2 118	1 948	91.97
司法服务类	1 716	1 544	89.98
能源与新能源类	936	936	100.00
石油化工类	821	821	100.00
体育与健身类	736	720	97.83
休闲保健类	420	420	100.00
资源环境类	322	322	100.00
合计	190 751	182 988	95.93

山东省中等职业学校毕业生就业情况

2012 年，山东省中等职业学校毕业生总数为 557 025 人，就业学生数为 535 738 人，就业率为 96.18%。与 2011 年相比，毕业生人数和就业率都有所提升（见表 3-15-1）。

表 3-15-1

项目	2011 年	2012 年
毕业生数/人	545 389	557 025
就业人数/人	524 245	535 738
就业率/%	96.12	96.18

一、总体情况

（一）就业去向

山东省 535 738 名就业学生中到各种所有制企、事业单位的有403 921人，占全部就业学生的 75.40%；合法从事个体经营的有 75 584 人，占 14.10%；升入高一级学校就读的有 56 233 人，占 10.50%。

（二）产业分布

从事第一产业的毕业生数为 52 951 人，占全部就业学生的 9.88%；从事第二产业的为 259 483 人，占 48.44%；从事第三产业的为 223 304 人，占 41.68%。与 2011 年相比，从事第二产业人数的比例有所下降，从事第一产业和第三产业人数的比例均有所上升（见表 3-15-2）。

表 3-15-2

项目	2011 年		2012 年	
	就业人数/人	占就业人数比例/%	就业人数/人	占就业人数比例/%
第一产业	9 450	1.80	52 951	9.88
第二产业	426 053	81.27	259 483	48.44
第三产业	88 742	16.93	223 304	41.68

（三）就业地域

就业地域分为本地、异地和境外。本地就业的毕业生数为 494 927 人，占全部就业学生的 92.38%；异地就业的为 36 916 人，占 6.89%；境外就业的为 3 895 人，占 0.73%。与 2011 年相比，本地就业比例有所下降，异地就业比例有所升高（见表 3-15-3）。

表 3-15-3

项目	2011 年		2012 年	
	就业人数/人	占就业人数比例/%	就业人数/人	占就业人数比例/%
本　地	489 773	93.42	494 927	92.38
异　地	31 600	6.03	36 916	6.89
境　外	2 872	0.55	3 895	0.73

（四）就业渠道

通过学校推荐就业的毕业生数为 486 921 人，占全部就业学生的 90.89%；通过中介介绍就业的为 0 人；通过其他渠道就业的为 48 817 人，占 9.11%。

与 2011 年相比，2012 年山东省中等职业学校毕业生就业呈现以下特点：

一是毕业生增加；到各种所有制企、事业单位就业和升入高一级学校就读的比例继续提高。2012 年毕业的中职学生比 2011 年增加 11 636 人，增长率为 2.13%。2012 年到各种所有制企、事业单位就业的学生比例比 2011 年增长了 19.62%；继续升学的比例比 2011 年增加了 6.86%。一方面反映了中职学生更好地满足了山东省就业岗位的需求，另一方面说明山东省中高职的衔接政策不断优化，继续学习的途径不断打通。

二是就业于第一、第三产业的毕业生比例呈增长趋势，就业于第二产业的毕业生人数及占当年毕业生总数的比例大幅下降，但第二产业仍然是中职毕业生就业的主要领域。这说明山东的第三产业发展迅速，可吸收的就业人口越来越多。

三是异地就业的比例有所增长。2012 年异地就业人员比例比 2011 年增长了 0.86%，而本地就业比例降低了 1.04%，说明中职学生的就业地有所拓展。

二、各专业大类就业情况

根据《中等职业学校专业目录（2010 年修订）》确定的 19 个专业类别，各专业大类的就业情况如下：

从专业分类看，就业情况最好的专业是旅游服务类，就业率达到 97.01%；其次是加工制造类，就业率为 96.87%；土木水利类、教育类、信息技术类、交通运输类、农林牧渔类处于平均水平以上；司法服务类就业率保持在 79%以上。

从毕业生数看，加工制造类专业毕业生数最多，为 191 625 人，占毕业生总数的 34.40%；其次是信息技术类，毕业生数为 89 750 人，占 16.11%。毕业生数最少的是司法服务类专业，为 652 人，占 0.12%；其次是休闲保健类，毕业生数为 883 人，占 0.16%。

从就业学生数看，加工制造类专业毕业生就业人数最多，为 185 633 人，占就业学生总数的 34.65%；其次是信息技术类，就业人数为 86 754 人，占 16.19%。毕业生就业人数最少的是司法服务类，就业人数为 521 人，占 0.10%；其次是休闲保健类，就业人数为 824 人，占 0.15%。各专业大类毕业生就业情况见表 3-15-4。

表 3-15-4

专业类别	毕业生数/人	就业人数/人	就业率/%
加工制造类	191 625	185 633	96.87
信息技术类	89 750	86 754	96.66
农林牧渔类	54 928	52 951	96.40
财经商贸类	48 506	46 320	95.49
医药卫生类	48 367	46 322	95.77
交通运输类	26 774	25 869	96.62
教育类	18 260	17 651	96.66
土木水利类	13 659	13 214	96.74
文化艺术类	13 529	12 126	89.63
其他类	10 260	9 541	92.99
旅游服务类	9 827	9 533	97.01
轻纺食品类	8 965	8 511	94.94
石油化工类	6 981	6 712	96.15
能源与新能源类	5 657	5 347	94.52
体育与健身类	4 622	4 357	94.27
资源环境类	1 217	1 121	92.11
公共管理与服务类	2 563	2 431	94.85
休闲保健类	883	824	93.32
司法服务类	652	521	79.91
合计	557 025	535 738	96.18

河南省中等职业学校毕业生就业情况

2012 年，河南省中等职业学校毕业生总数为 687 786 人，就业学生数为 669 960 人，就业率为 97.41%。与 2011 年相比，毕业生数有较大幅度提升，就业率有所下降（见表 3-16-1）。

表 3-16-1

项目	2011 年	2012 年
毕业生数/人	642 580	687 786
就业人数/人	628 860	669 960
就业率/%	97.86	97.41

一、总体情况

（一）就业去向

河南省 669 960 名就业生中到各种所有制企、事业单位的有 523 534 人，占全部就业学生的 78.14%；合法从事个体经营的有 80 616 人，占 12.04%；升入高一级学校就读的有 65 810 人，占 9.82%。

（二）产业分布

从事第一产业的毕业生数为 81 995 人，占全部就业学生的 12.24%；从事第二产业的为 69 671 人，占 10.40%；从事第三产业的为 518 294 人，占 77.36%。与 2011 年相比，从事第一产业和第二产业人数的比例均有所上升，从事第三产业人数的比例有所下降（见表 3-16-2）。

表 3-16-2

项目	2011 年		2012 年	
	就业人数/人	占就业人数比例/%	就业人数/人	占就业人数比例/%
第一产业	76 042	12.09	81 995	12.24
第二产业	47 339	7.53	69 671	10.40
第三产业	505 479	80.38	518 294	77.36

（三）就业地域

就业地域分为本地、异地和境外。本地就业的毕业生数为 416 474 人，占全部就业学生的 62.16%；异地就业的为 252 816 人，占 37.74%；境外就业的为 670 人，占 0.10%。与 2011 年相比，本地、境外就业比例有所下降，异地就业比例有所升高（见表 3-16-3）。

表 3-16-3

项目	2011 年		2012 年	
	就业人数/人	占就业人数比例/%	就业人数/人	占就业人数比例/%
本　地	397 590	63.22	416 474	62.16
异　地	229 410	36.48	252 816	37.74
境　外	1 860	0.30	670	0.10

（四）就业渠道

通过学校推荐就业的毕业生数为 492 722 人，占全部就业学生的 73.55%；通过中介介绍就业的为 107 680 人，占 16.07%；通过其他渠道就业的为 69 558 人，占 10.38%。

与 2011 年相比，2012 年河南省中等职业学校毕业生就业呈现以下特点：

一是毕业生数显著增加；合法从事个体经营和升入高一级学校就读的毕业生比例有所提高。2012 年毕业的学生比 2011 年增加 45 206 人，增长率为 7.04%。2012 年继续升学的比例占就业学生总数的 9.82%，比 2011 年增加了 2.16%。

二是就业于第二产业的毕业生人数比例呈增长趋势，但第三产业仍然是毕业生就业的主要领域。就业于第二产业的毕业生数及占当年毕业生总数的比例都有所上升，表明 2012 年河南省第二产业吸纳就业的能力较 2011 年有所提高。

三是异地就业的比例有所增长。2012 年异地就业毕业生比例比 2011 年增长了 1.26%，而本地就业比例降低了 1.06%，说明中等职业学校毕业生的就业地有所拓展。

二、各专业大类就业情况

根据《中等职业学校专业目录（2010 年修订）》确定的 19 个专业类别，各专业大类的就业情况如下：

从专业分类看，就业情况最好的专业是体育与健身类，就业率达到 99.79%；

其次是文化艺术类，就业率为 99.60%；教育类、交通运输类、其他类、能源与新能源类、农林牧渔类、财经商贸类、土木水利类、加工制造类、石油化工类、资源环境类、轻纺食品类、旅游服务类的就业率处于平均水平以上；司法服务类就业率保持在 91%以上。

从毕业生数看，信息技术类专业毕业生数最多，为 143 299 人，占毕业生总数的 20.83%；其次是农林牧渔类，毕业生数为 81 995 人，占 11.92%。毕业生数最少的是司法服务类专业，毕业生数为 3 642 人，占 0.53%；其次是体育与健身类，毕业生数为 3 750 人，占 0.55%。

从就业学生数看，信息技术类专业毕业生就业人数最多，为 135 482 人，占就业学生总数的 20.22%；其次是农林牧渔类，就业人数为 81 175 人，占 12.12%。毕业生就业人数最少的是司法服务类专业，就业人数为 3 328 人，占 0.50%；其次是体育与健身类，就业人数为 3 742 人，占 0.56%。各专业大类毕业生就业情况见表 3-16-4。

表 3-16-4

专业类别	毕业生数/人	就业人数/人	就业率/%
信息技术类	143 299	135 482	94.54
农林牧渔类	81 995	81 175	99.00
交通运输类	72 340	71 770	99.21
财经商贸类	63 233	62 596	98.99
其他类	62 184	61 606	99.07
旅游服务类	56 619	55 203	97.50
医药卫生类	55 470	52 980	95.51
轻纺食品类	39 964	38 965	97.50
加工制造类	25 509	25 107	98.42
土木水利类	15 768	15 531	98.50
石油化工类	13 188	12 924	98.00
公共管理与服务类	10 998	10 378	94.36
教育类	9 352	9 310	99.55
资源环境类	8 410	8 234	97.91
休闲保健类	8 400	8 065	96.01
能源与新能源类	7 953	7 875	99.02
文化艺术类	5 712	5 689	99.60
体育与健身类	3 750	3 742	99.79
司法服务类	3 642	3 328	91.38
合计	687 786	669 960	97.41

湖北省中等职业学校毕业生就业情况

2012 年，湖北省中等职业学校毕业生总数为 272 883 人，就业学生数为 263 332 人，就业率为 96.50%。与 2011 年相比，毕业生数和就业率均有所下降（见表 3-17-1）。

表 3-17-1

项目	2011 年	2012 年
毕业生数/人	307 701	272 883
就业人数/人	298 470	263 332
就业率/%	97.00	96.50

一、总体情况

（一）就业去向

湖北省 263 332 名就业学生中到各种所有制企、事业单位的有 227 948 人，占全部就业学生的 86.56%；合法从事个体经营的有 17 991 人，占 6.83%；升入高一级学校就读的有 17 393 人，占 6.61%。

（二）产业分布

从事第一产业的毕业生数为 12 362 人，占全部就业学生的 4.69%；从事第二产业的为 112 496 人，占 42.72%；从事第三产业的为 138 474 人，占 52.59%。与 2011 年相比，从事第二产业人数的比例有所下降，从事第三产业人数的比例有所上升（见表 3-17-2）。

表 3-17-2

项目	2011 年		2012 年	
	就业人数/人	占就业人数比例/%	就业人数/人	占就业人数比例/%
第一产业	14 004	4.69	12 362	4.69
第二产业	150 253	50.34	112 496	42.72
第三产业	134 213	44.97	138 474	52.59

（三）就业地域

就业地域分为本地、异地和境外。本地就业的毕业生数为117 988人，占全部就业学生的44.81%；异地就业的为145 214人，占55.14%；境外就业的为130人，占0.05%。与2011年相比，本地就业比例有所升高，异地就业比例有所下降（见表3-17-3）。

表3-17-3

项目	2011年		2012年	
	就业人数/人	占就业人数比例/%	就业人数/人	占就业人数比例/%
本　地	111 006	37.19	117 988	44.81
异　地	187 317	62.76	145 214	55.14
境　外	147	0.05	130	0.05

（四）就业渠道

通过学校推荐就业的毕业生数为188 608人，占全部就业学生的71.62%；通过中介介绍就业的为53 181人，占20.20%；通过其他渠道就业的为21 543人，占8.18%。

与2011年相比，2012年湖北省中等职业学校毕业生就业呈现以下特点：

一是毕业生显著减少；2012年毕业的学生比2011年减少34 818人，仅为2011年人数的88.68%。2011年和2012年，到各种所有制企、事业单位就业，合法从事个体经营和升学的毕业生比例基本一致，毕业生就业情况较为稳定。

二是就业于第三产业的毕业生数比例呈增长趋势，第三产业取代第二产业成为中等职业学校毕业生就业的主要领域。就业于第二产业的毕业生数及占当年毕业生总数的比例大幅下降。

三是异地就业的比例有所下降。2012年异地就业的毕业生比例比2011年下降了7.62%，而本地就业比例增加了7.62%。

二、各专业大类就业情况

根据《中等职业学校专业目录（2010年修订）》确定的19个专业类别，各专业大类的就业情况如下：

从专业分类看，就业情况最好的专业是加工制造类，就业率达到99.25%；其次是其他类，就业率为98.86%；信息技术类、石油化工类、土木水利类、医药卫生类的就业率处于平均水平以上；体育与健身类、文化艺术类就业率保持在 88%以上。

从毕业生数看，信息技术类专业毕业生人数最多，为 72 810 人，占毕业生总数的 26.68%；其次是加工制造类，毕业生数为 60 785 人，占 22.28%。毕业生数最少的是资源环境类专业，毕业生数为 187 人，占 0.07%；其次是司法服务类，毕业生数为 285 人，占 0.10%。

从就业学生数看，信息技术类专业毕业生就业人数最多，为 71 676 人，占就业学生总数的 27.22%；其次是加工制造类，就业人数为 60 330 人，占 22.91%。毕业生就业人数最少的是资源环境类专业，就业人数为 174 人，占 0.07%；其次是司法服务类，就业人数为 254 人，占 0.10%。各专业大类毕业生就业情况见表 3-17-4。

表 3-17-4

专业类别	毕业生数/人	就业人数/人	就业率/%
信息技术类	72 810	71 676	98.44
加工制造类	60 785	60 330	99.25
医药卫生类	33 231	32 101	96.60
农林牧渔类	27 275	25 162	92.25
其他类	12 486	12 344	98.86
旅游服务类	11 805	11 151	94.46
交通运输类	10 664	10 269	96.30
财经商贸类	8 577	8 062	94.00
文化艺术类	8 214	7 250	88.26
教育类	7 802	7 132	91.41
土木水利类	5 564	5 414	97.30
休闲保健类	5 504	4 968	90.26
公共管理与服务类	4 843	4 371	90.25
轻纺食品类	1 096	1 044	95.26
体育与健身类	609	538	88.34
石油化工类	576	566	98.26
能源与新能源类	570	526	92.28
司法服务类	285	254	89.12
资源环境类	187	174	93.05
合计	272 883	263 332	96.50

湖南省中等职业学校毕业生就业情况

2012年，湖南省中等职业学校毕业生总数为260 034人，就业学生数为252 533人，就业率为97.12%。与2011年相比，毕业生数有较大幅度增长，就业率有所提升（见表3-18-1）。

表3-18-1

项目	2011年	2012年
毕业生数/人	208 926	260 034
就业人数/人	202 485	252 533
就业率/%	96.92	97.12

一、总体情况

（一）就业去向

湖南省252 533名就业学生中到各种所有制企、事业单位的有206 929人，占全部就业学生的81.94%；合法从事个体经营的有27 999人，占11.09%；升入高一级学校就读的17 605人，占6.97%。

（二）产业分布

从事第一产业的毕业生数为14 262人，占全部就业学生的5.65%；从事第二产业的87 087人，占34.49%；从事第三产业的151 184人，占59.86%。与2011年相比，从事第二产业人数的比例有所下降，从事第一产业和第三产业人数的比例均有所上升（见表3-18-2）。

表3-18-2

项目	2011年		2012年	
	就业人数/人	占就业人数比例/%	就业人数/人	占就业人数比例/%
第一产业	9 150	4.52	14 262	5.65
第二产业	79 324	39.18	87 087	34.49
第三产业	114 011	56.30	151 184	59.86

（三）就业地域

就业地域分为本地、异地和境外。本地就业的毕业生数为 110 615 人，占全部就业学生的 43.81%；异地就业的为 141 404 人，占 55.99%；境外就业的为 514 人，占 0.20%。与 2011 年相比，本地就业比例有所升高，异地、境外就业比例有所下降（见表 3-18-3）。

表 3-18-3

项目	2011 年		2012 年	
	就业人数/人	占就业人数比例/%	就业人数/人	占就业人数比例/%
本　地	86 602	42.77	110 615	43.81
异　地	115 220	56.90	141 404	55.99
境　外	663	0.33	514	0.20

（四）就业渠道

通过学校推荐就业的毕业生数为 208 659 人，占全部就业学生的 82.63%；通过中介介绍就业的为 18 746 人，占 7.42%；通过其他渠道就业的为 25 128 人，占 9.95%。

与 2011 年相比，2012 年湖南省中等职业学校毕业生就业呈现以下特点：

一是毕业生显著增加；到各种所有制企、事业单位就业和合法从事个体经营的毕业生比例略有上升，升学的毕业生比例稍有下降，但总体结构基本稳定。2012 年毕业的学生比 2011 年增加 51 108 人，增长率为 24.46%。2012 年继续升学的比例占就业学生总数的 6.97%。

二是就业于第一、第三产业的毕业生数比例呈增长趋势，第三产业仍是毕业生就业的主要领域。就业于第二产业的毕业生数及占当年毕业生总数的比例有所下降。

三是异地就业的比例有所降低。2012 年异地就业毕业生比例比 2011 年降低了 0.91%，而本地就业比例提升了 1.04%。

二、各专业大类就业情况

根据《中等职业学校专业目录（2010 年修订）》确定的 19 个专业类别，各专业大类的就业情况如下：

从专业分类看，就业情况最好的专业是能源与新能源类，就业率达到 100%；其次是其他类，就业率为 98.62%；财经商贸类、农林牧渔类、教育类、加工制造类、旅游服务类、医药卫生类处于平均水平以上；休闲保健类就业率保持在 91% 以上。

从毕业生数看，信息技术类专业毕业生数最多，为 67 656 人，占毕业生总数的 26.02%；其次是加工制造类，毕业生数为 58 447 人，占 22.48%。毕业生数最少的是司法服务类专业，本年度没有毕业生；其次是能源与新能源类，毕业生数为 23 人，占 0.01%。

从就业学生数看，信息技术类专业毕业生就业人数最多，为 65 537 人，占就业学生总数的 25.95%；其次是加工制造类，就业人数为 56 966 人，占 22.56%。毕业生就业人数最少的是司法服务类专业，本年度没有毕业生就业；其次是能源与新能源类，就业人数为 23 人，占 0.01%。各专业大类毕业生就业情况见表 3-18-4。

表 3-18-4

专业类别	毕业生数/人	就业人数/人	就业率/%
信息技术类	67 656	65 537	96.87
加工制造类	58 447	56 966	97.47
财经商贸类	27 765	27 209	98.00
旅游服务类	18 568	18 074	97.34
医药卫生类	14 944	14 529	97.22
农林牧渔类	14 692	14 385	97.91
文化艺术类	14 132	13 664	96.69
教育类	13 687	13 359	97.60
公共管理与服务类	10 302	9 730	94.45
交通运输类	7 661	7 398	96.57
土木水利类	6 059	5 853	96.60
轻纺食品类	1 663	1 569	94.35
石油化工类	1 335	1 294	96.93
休闲保健类	1 123	1 024	91.18
其他类	869	857	98.62
体育与健身类	695	663	95.40
资源环境类	413	399	96.61
能源与新能源类	23	23	100.00
司法服务类	0	0	0.00
合计	260 034	252 533	97.12

广东省中等职业学校毕业生就业情况

2012 年，广东省中等职业学校毕业生总数为 398 437 人，就业学生数为 390 393 人，就业率为 97.98%。与 2011 年相比，毕业生数和就业率都有所提升（见表 3-19-1）。

表 3-19-1

项目	2011 年	2012 年
毕业生数/人	342 781	398 437
就业人数/人	335 728	390 393
就业率/%	97.94	97.98

一、总体情况

（一）就业去向

广东省 390 393 名就业学生中到各种所有制企、事业单位的有 295 641 人，占全部就业学生的 75.73%；合法从事个体经营的有 54 789 人，占 14.03%；升入高一级学校就读的有 39 963 人，占 10.24%。

（二）产业分布

从事第一产业的毕业生数为 21 620 人，占全部就业学生的 5.54%；从事第二产业的为 104 445 人，占 26.75%；从事第三产业的为 264 328 人，占 67.71%。与 2011 年相比，从事第一产业和第三产业人数的比例均有所下降，从事第二产业人数的比例有所上升（见表 3-19-2）。

表 3-19-2

项目	2011 年		2012 年	
	就业人数/人	占就业人数比例/%	就业人数/人	占就业人数比例/%
第一产业	19 705	5.87	21 620	5.54
第二产业	88 355	26.32	104 445	26.75
第三产业	227 668	67.81	264 328	67.71

(三) 就业地域

就业地域分为本地、异地和境外。本地就业的毕业生数为 370 230 人，占全部就业学生的 94.84%；异地就业的为 19 805 人，占 5.07%；境外就业的为 358 人，占 0.09%。与 2011 年相比，本地就业比例有所下降，异地就业比例有所升高（见表 3-19-3)。

表 3-19-3

项目	2011 年		2012 年	
	就业人数/人	占就业人数比例/%	就业人数/人	占就业人数比例/%
本　地	326 170	97.15	370 230	94.84
异　地	9 306	2.77	19 805	5.07
境　外	252	0.08	358	0.09

(四) 就业渠道

通过学校推荐就业的毕业生数为 288 381 人，占全部就业学生人数的 73.87%；通过中介介绍就业的为 19 000 人，占 4.87%；通过其他渠道就业的为 83 012 人，占 21.26%。

与 2011 年相比，2012 年广东省中等职业学校毕业生就业呈现以下特点：

一是毕业生显著增加；合法从事个体经营和升入高一级学校就读的毕业生比例有所提高。2012 年毕业的学生比 2011 年增加了 55 656 人，增长率为 16.24%。2012 年继续升学的比例占就业学生总数的 10.24%，比 2011 年增加了 0.67%。

二是就业于第三产业的毕业生人数比例最高，第三产业仍然是毕业生就业的主要领域。就业于第一、第二、第三产业的毕业生比例与去年大体相当，表明中等职业学校专业设置较好地适应了产业结构的转型。

三是异地就业的比例有所增长。2012 年异地就业毕业生比例比 2011 年增长了 2.3%，而本地就业比例降低了 2.31%。这说明中等职业学校毕业生的就业地有所拓展。

二、各专业大类就业情况

根据《中等职业学校专业目录（2010 年修订)》确定的 19 个专业类别，各专业大类的就业情况如下：

从专业分类看，就业情况最好的专业是休闲保健类，就业率达到 99.37%；其次是公共管理与服务类，就业率为 99.21%；其他类、资源环境类、农林牧渔类、教育类、土木水利类、加工制造类、旅游服务类、轻纺食品类、财经商贸类、医药卫生类、文化艺术类的就业率处于平均水平以上；能源与新能源类就业率保持在 94%以上。

从毕业生数看，财经商贸类专业毕业生数最多，为 88 011 人，占毕业生总数的 22.09%；其次是信息技术类，毕业生数为 80 514 人，占 20.21%。毕业生数最少的是资源环境类专业，毕业生数为 1 059 人，占 0.27%；其次是能源与新能源类，毕业生数为 1 075 人，占 0.27%。

从就业学生数看，财经商贸类专业毕业生就业人数最多，为 86 350 人，占就业学生总数的 22.12%；其次是信息技术类，就业人数为 78 100 人，占 20.01%，毕业生就业人数最少的是能源与新能源类专业，就业人数为 1 021 人，占 0.26%；其次是资源环境类，就业人数为 1 050 人，占 0.27%。各专业大类毕业生就业情况见表 3-19-4。

表 3-19-4

专业类别	毕业生数/人	就业人数/人	就业率/%
财经商贸类	88 011	86 350	98.11
信息技术类	80 514	78 100	97.00
加工制造类	62 639	61 566	98.29
医药卫生类	39 369	38 609	98.07
教育类	23 912	23 637	98.85
交通运输类	21 735	21 124	97.19
旅游服务类	15 239	14 976	98.27
文化艺术类	14 188	13 904	98.00
农林牧渔类	13 765	13 617	98.92
其他类	12 112	12 013	99.18
公共管理与服务类	9 217	9 144	99.21
土木水利类	5 119	5 042	98.50
轻纺食品类	3 239	3 178	98.12
休闲保健类	2 711	2 694	99.37
体育与健身类	1 784	1 708	95.74
司法服务类	1 404	1 346	95.87
石油化工类	1 345	1 314	97.70
能源与新能源类	1 075	1 021	94.98
资源环境类	1 059	1 050	99.15
合计	398 437	390 393	97.98

广西壮族自治区中等职业学校毕业生就业情况

2012 年，广西壮族自治区中等职业学校毕业生总数为 130 349 人，就业学生数为 126 412 人，就业率为 96.98%。与 2011 年相比，毕业生数和就业率都有所下降（见表 3-20-1）。

表 3-20-1

项目	2011 年	2012 年
毕业生数/人	144 331	130 349
就业人数/人	140 234	126 412
就业率/%	97.16	96.98

一、总体情况

(一) 就业去向

广西 126 412 名就业学生中到各种所有制企、事业单位的有 103 851 人，占全部就业学生的 82.15%；合法从事个体经营的有 13 515 人，占 10.69%；升入高一级学校就读的有 9 046 人，占 7.16%。

(二) 产业分布

从事第一产业的毕业生数为 8 814 人，占全部就业学生的 6.97%；从事第二产业的 37 302 人，占 29.51%；从事第三产业的 80 296 人，占 63.52%。与 2011 年相比，从事第一产业和第三产业人数的比例均有所上升，从事第二产业人数的比例有所下降（见表 3-20-2）。

表 3-20-2

项目	2011 年		2012 年	
	就业人数/人	占就业人数比例/%	就业人数/人	占就业人数比例/%
第一产业	7 970	5.68	8 814	6.97
第二产业	52 636	37.54	37 302	29.51
第三产业	79 628	56.78	80 296	63.52

(三) 就业地域

就业地域分为本地、异地和境外。本地就业的毕业生数为 69 749 人，占全部就业学生的 55.18%；异地就业的为 56 463 人，占 44.66%；境外就业的为 200 人，占 0.16%。与 2011 年相比，本地就业比例有所升高，异地就业比例有所下降（见表 3-20-3）。

表 3-20-3

项目	2011 年		2012 年	
	就业人数/人	占就业人数比例/%	就业人数/人	占就业人数比例/%
本　地	70 239	50.09	69 749	55.18
异　地	69 597	49.63	56 463	44.66
境　外	398	0.28	200	0.16

(四) 就业渠道

通过学校推荐就业的毕业生数为 99 998 人，占全部就业学生的 79.11%；通过中介介绍就业的为 7 386 人，占 5.84%；通过其他渠道就业的为 19 028 人，占 15.05%。

与 2011 年相比，2012 年广西壮族自治区中等职业学校毕业生就业呈现以下特点：

一是毕业生显著减少；合法从事个体经营的比例有所提高。2012 年毕业的学生比 2011 年减少 13 982 人，仅为 2011 年人数的 90.31%。2012 年合法从事个体经营的比例占就业学生的 10.69%，比 2011 年增长了 1.89%。

二是就业于第一、第三产业的毕业生人数比例呈增长趋势，第三产业仍是毕业生就业的主要领域。就业于第二产业的毕业生数及占当年毕业生总数的比例大幅下降。

三是异地就业的比例有所降低。2012 年异地就业毕业生比例比 2011 年降低了 4.97%，而本地就业比例增加了 5.09%。

二、各专业大类就业情况

根据《中等职业学校专业目录（2010 年修订）》确定的 19 个专业类别，各专业大类的就业情况如下：

从专业分类看，就业情况最好的专业是石油化工类、休闲保健类，就业率达到 100%；其次是农林牧渔类，就业率为 98.71%；教育类、能源与新能源类、旅游服务类、加工制造类、资源环境类、公共管理与服务类、信息技术类、财经商贸类的就业率处于平均水平以上；司法服务类就业率保持在 89%以上。

从毕业生数看，加工制造类专业毕业生数最多，为 26 199 人，占毕业生总数的 20.10%；其次是信息技术类，毕业生数为 21 585 人，占 16.56%。毕业生数最少的是石油化工类专业，毕业生数为 27 人，占 0.02%；其次是休闲保健类专业，毕业生数为 92 人，占 0.07%。

从就业学生数看，加工制造类专业毕业生就业人数最多，为 25 570 人，占就业学生总数的 20.23%；其次是信息技术类，就业人数为 20 982 人，占 16.60%。毕业生就业人数最少的是石油化工类专业，就业人数为 27 人，占 0.02%；其次是休闲保健类，就业人数为 92 人，占 0.07%。各专业大类毕业生就业情况见表 3-20-4。

表 3-20-4

专业类别	毕业生数/人	就业人数/人	就业率/%
加工制造类	26 199	25 570	97.60
信息技术类	21 585	20 982	97.21
医药卫生类	21 134	20 365	96.36
财经商贸类	17 265	16 778	97.18
交通运输类	14 796	14 321	96.79
旅游服务类	6 460	6 311	97.69
农林牧渔类	4 256	4 201	98.71
文化艺术类	4 024	3 885	96.55
其他类	3 256	2 999	92.11
公共管理与服务类	2 970	2 889	97.27
土木水利类	2 782	2 652	95.33
教育类	2 082	2 050	98.46
轻纺食品类	1 146	1 101	96.07
能源与新能源类	1 075	1 056	98.23
体育与健身类	542	505	93.17
资源环境类	503	490	97.42
司法服务类	155	138	89.03
休闲保健类	92	92	100.00
石油化工类	27	27	100.00
合计	130 349	126 412	96.98

海南省中等职业学校毕业生就业情况

2012 年，海南省中等职业学校毕业生总数为 44 360 人，就业学生数为 42 555 人，就业率为 95.93%。与 2011 年相比，毕业生数有所增加，但就业率有所下降(见表 3-21-1)。

表 3-21-1

项目	2011 年	2012 年
毕业生数/人	32 189	44 360
就业人数/人	31 145	42 555
就业率/%	96.76	95.93

一、总体情况

(一) 就业去向

海南省 42 555 名就业学生中到各种所有制企、事业单位的有 28 083 人，占全部就业学生的 65.99%；合法从事个体经营的有 13 138 人，占 30.87%；升入高一级学校就读的有 1 334 人，占 3.14%。

(二) 产业分布

从事第一产业的毕业生数为 5 892 人，占全部就业学生的 13.85%；从事第二产业的为 7 588 人，占 17.83%；从事第三产业的为 29 075 人，占 68.32%。与 2011 年相比，从事第二产业和第三产业人数的比例均有所下降（见表 3-21-2)。

表 3-21-2

项目	2011 年		2012 年	
	就业人数/人	占就业人数比例/%	就业人数/人	占就业人数比例/%
第一产业	2 391	7.68	5 892	13.85
第二产业	5 657	18.16	7 588	17.83
第三产业	23 097	74.16	29 075	68.32

（三）就业地域

就业地域分为本地、异地和境外。本地就业的毕业生数为 35 475 人，占全部就业学生的 83.36%；异地就业的为 7 079 人，占 16.63%；境外就业的为 1 人，占 0.01%。与 2011 年相比，本地就业比例有所上升，异地就业比例有所下降（见表 3-21-3）。

表 3-21-3

项目	2011 年		2012 年	
	就业人数/人	占就业人数比例/%	就业人数/人	占就业人数比例/%
本　地	23 815	76.46	35 475	83.36
异　地	7 330	23.54	7 079	16.63
境　外	0	0.00	1	0.01

（四）就业渠道

通过学校推荐就业的毕业生数为 30 640 人，占全部就业学生的 72.00%；通过中介介绍就业的为 168 人，占 0.40%；通过其他渠道就业的为 11 747 人，占 27.60%。

与 2011 年相比，2012 年海南省中等职业学校毕业生就业呈现以下特点：

一是毕业生数有所增加；个体经营人数有显著提高。2012 年毕业的学生比 2011 年增加 12 171 人，增长率为 37.81%。2012 年个体经营的比例占就业学生总数的 30.87%，比 2011 年增加了 15.90%。越来越多的中职学生毕业后选择个体经营，反映出海南省对个体经营者的扶持力度在逐渐加大。

二是就业于第一产业的毕业生人数比例呈增长趋势，但第三产业仍然是毕业生就业的主要领域。2012 年就业于第三产业的毕业生数及占当年毕业生总数的比例有所下降，相对于 2011 年减少 5.84%；第一产业就业人数比例较 2011 年上升 6.17%。这说明海南省中职毕业生就业顺应了海南省近年来大力发展热带特色现代农业的需求。

三是本地就业的比例有所增长。2012 年本地就业毕业生比例比 2011 年增长了 6.9%，而异地就业比例降低了 6.91%，这说明中职学生的就业较好地适应了区域经营的发展。

二、各专业大类就业情况

根据《中等职业学校专业目录（2010 年修订）》确定的 19 个专业类别，各专业

大类的就业情况如下：

从专业分类看，就业情况最好的专业是教育类，就业率达到 99.80%；其次是石油化工类，就业率为 99.03%；轻纺食品类、农林牧渔类、交通运输类、土木水利类、体育与健身类、其他类、加工制造类、财经商贸类的就业率处于平均水平以上；公共管理与服务类就业率保持在 89% 以上。

从毕业生数看，旅游服务类专业毕业生数最多，为 8 362 人，占毕业生总数的 18.85%；其次是农林牧渔类，毕业生数为 7 016 人，占 15.82%。毕业生数最少的是资源环境类和司法服务类专业，本年度没有毕业生；其次是能源与新能源类，毕业生数为 91 人，占 0.21%。

从就业学生数看，旅游服务类专业毕业生就业人数最多，为 7 877 人，占就业学生总数的 18.51%；其次是农林牧渔类，就业人数为 6 911 人，占 16.24%。毕业生就业人数最少的是资源环境类和司法服务类专业，本年度没有毕业生就业；其次是能源与新能源类，就业人数为 85 人，占 0.20%。各专业大类毕业生就业情况见表 3-21-4。

表 3-21-4

专业类别	毕业生数/人	就业人数/人	就业率/%
旅游服务类	8 362	7 877	94.20
农林牧渔类	7 016	6 911	98.50
信息技术类	5 961	5 588	93.74
加工制造类	5 407	5 212	96.39
医药卫生类	5 381	5 153	95.76
交通运输类	4 315	4 226	97.94
财经商贸类	3 509	3 381	96.35
文化艺术类	1 437	1 326	92.28
石油化工类	517	512	99.03
教育类	506	505	99.80
休闲保健类	494	453	91.70
土木水利类	428	419	97.90
其他类	326	318	97.55
体育与健身类	266	260	97.74
轻纺食品类	229	226	98.69
公共管理与服务类	115	103	89.57

续表

专业类别	毕业生数/人	就业人数/人	就业率/%
能源与新能源类	91	85	93.41
资源环境类	0	0	0.00
司法服务类	0	0	0.00
合计	44 360	42 555	95.93

重庆市中等职业学校毕业生就业情况

2012 年，重庆市中等职业学校毕业生总数为 159 368 人，就业学生数为 157 048 人，就业率为 98.54%。与 2011 年相比，毕业生数有所减少，但就业率略有提高（见表 3-22-1）。

表 3-22-1

项目	2011 年	2012 年
毕业生数/人	165 367	159 368
就业人数/人	162 886	157 048
就业率/%	98.50	98.54

一、总体情况

（一）就业去向

重庆市 157 048 名就业学生中到各种所有制企、事业单位的有 136 725 人，占全部就业学生的 87.06%；合法从事个体经营的有 11 200 人，占 7.13%；升入高一级学校就读的有 9 123 人，占 5.81%。

（二）产业分布

从事第一产业的毕业生数为 12 097 人，占全部就业学生的 7.70%；从事第二产业的为 96 538 人，占 61.47%；从事第三产业的为 48 413 人，占 30.83%（见表 3-22-2）。

表 3-22-2

项目	2011 年		2012 年	
	就业人数/人	占就业人数比例/%	就业人数/人	占就业人数比例/%
第一产业	12 547	7.70	12 097	7.70
第二产业	100 127	61.47	96 538	61.47
第三产业	50 212	30.83	48 413	30.83

(三) 就业地域

就业地域分为本地、异地和境外。本地就业的毕业生数为 139 029 人，占全部就业学生的 88.53%；异地就业的为 18 019 人，占 11.47%。本地、异地就业比例与 2011 年相比无变化（见表 3-22-3）。

表 3-22-3

项目	2011 年		2012 年	
	就业人数/人	占就业人数比例/%	就业人数/人	占就业人数比例/%
本　地	144 197	88.53	139 029	88.53
异　地	18 689	11.47	18 019	11.47
境　外	0	0.00	0	0.00

(四) 就业渠道

通过学校推荐就业的毕业生数为 128 631 人，占全部就业学生的 81.91%；通过中介介绍就业的为 6 307 人，占 4.02%；通过其他渠道就业的为 22 110 人，占 14.07%。

二、各专业大类就业情况

根据《中等职业学校专业目录（2010 年修订）》确定的 19 个专业类别，各专业大类的就业情况如下：

从专业分类看，就业情况最好的专业是加工制造类，就业率达到 99.76%；其次是信息技术类，就业率为 99.47%；公共管理与服务类、教育类的就业率处于平均水平以上；就业率最低的是其他类，为 76.16%。

从毕业生数看，加工制造类专业毕业生数最多，为 76 435 人，占毕业生总数的 47.96%；其次是信息技术类，毕业生数为 37 163 人，占 23.32%。毕业生数最少的是休闲保健类专业，毕业生数为 114 人，占 0.07%；其次是其他类，毕业生数为 151 人，占 0.09%。

从就业学生数看，加工制造类专业就业人数最多，为 76 253 人，占就业学生总数的 48.55%；其次是信息技术类，就业人数为 36 967 人，占 23.54%。毕业生人数最少的是休闲保健类专业，就业人数为 95 人，占 0.06%；其次是其他类，就业人数为 115 人，占 0.07%。各大类专业毕业生就业情况见表 3-22-4。

表 3-22-4

专业类别	毕业生数/人	就业人数/人	就业率/%
加工制造类	76 435	76 253	99.76
信息技术类	37 163	36 967	99.47
医药卫生类	9 569	9 293	97.12
财经商贸类	8 773	8 287	94.46
旅游服务类	5 288	5 183	98.01
交通运输类	4 126	3 999	96.92
公共管理与服务类	3 984	3 957	99.32
农林牧渔类	3 827	3 729	97.44
文化艺术类	2 702	2 234	82.68
教育类	2 464	2 441	99.07
能源与新能源类	2 136	2 029	94.99
土木水利类	971	940	96.81
轻纺食品类	558	528	94.62
石油化工类	355	336	94.65
资源环境类	293	250	85.32
体育与健身类	273	256	93.77
司法服务类	186	156	83.87
其他类	151	115	76.16
休闲保健类	114	95	83.33
合计	159 368	157 048	98.54

四川省中等职业学校毕业生就业情况

2012 年，四川省中等职业学校毕业生总数为 250 121 人，就业学生数为 243 195 人，就业率为 97.23%。与 2011 年相比，毕业生数有所减少，但就业率有所上升（见表 3-23-1）。

表 3-23-1

项目	2011 年	2012 年
毕业生数/人	276 595	250 121
就业人数/人	267 840	243 195
就业率/%	96.83	97.23

一、总体情况

（一）就业去向

四川省 243 195 名就业学生中到各种所有制企、事业单位的有 208 904 人，占全部就业学生的 85.90%；合法从事个体经营的有 13 291 人，占 5.46%；升入高一级学校就读的有 21 000 人，占 8.64%。

（二）产业分布

从事第一产业的毕业生数为 21 960 人，占全部就业学生的 9.03%；从事第二产业的为 88 281 人，占 36.30%；从事第三产业的为 132 954 人，占 54.67%。与 2011 年相比，从事第一产业和第三产业人数的比例均有所提高（见表 3-23-2）。

表 3-23-2

项目	2011 年		2012 年	
	就业人数/人	占就业人数比例/%	就业人数/人	占就业人数比例/%
第一产业	21 139	7.89	21 960	9.03
第二产业	133 607	49.88	88 281	36.30
第三产业	113 094	42.23	132 954	54.67

（三）就业地域

就业地域分为本地、异地和境外。本地就业的毕业生数为 128 415 人，占全部就业学生的 52.80%；异地就业的为 114 567 人，占 47.11%；境外就业的为 213 人，占 0.09%。与 2011 年相比，本地就业比例有所上升，异地就业比例有所下降（见表 3-23-3）。

表 3-23-3

项目	2011 年		2012 年	
	就业人数/人	占就业人数比例/%	就业人数/人	占就业人数比例/%
本　地	132 719	49.55	128 415	52.80
异　地	134 963	50.39	114 567	47.11
境　外	158	0.06	213	0.09

（四）就业渠道

通过学校推荐就业的毕业生数为 198 857 人，占全部就业学生的 81.77%；通过中介介绍就业的为 7 512 人，占 3.09%；通过其他渠道就业的为 36 826 人，占 15.14%。

与 2011 年相比，2012 年四川省中等职业学校毕业生就业呈现以下特点：

一是毕业生数有所下降；企、事业单位仍然是中职毕业生主要就业方向，相对而言，个体经营人数有所下降。2012 年毕业的学生比 2011 年减少 26 474 人，减少 9.57%。2012 年个体经营的比例占就业学生总数的 5.46%，比 2011 年降低了 2.04%。

二是就业于第二产业的人数有所下降；第三产业毕业生人数的比例大幅增长，第三产业仍然是中职毕业生就业的主要领域。2012 年就业于第三产业的毕业生数及占当年毕业生总数的比例有所上升，相对于 2011 年增长 12.45%，第二产业就业人数比例较 2011 年下降 13.58%。

三是本地就业的比例有所增长。2012 年本地就业毕业生比例比 2011 年增长了 3.25%，而异地就业比例降低了 3.28%，这说明四川省中职毕业生的就业较好地配合了区域经济的发展。

二、各专业大类就业情况

根据《中等职业学校专业目录（2010 年修订）》确定的 19 个专业类别，各专业

大类的就业情况如下：

从专业分类看，就业情况最好的专业是体育与健身类，就业率达到 99.92%；其次是资源环境类，就业率为 99.10%；土木水利类、能源与新能源类、加工制造类、石油化工类、轻纺食品类、医药卫生类、财经商贸类、司法服务类、信息技术类、旅游服务类、交通运输类的就业率处于平均水平以上；农林牧渔类就业率保持在 90%以上。

从毕业生数看，信息技术类专业毕业生数最多，为 57 378 人，占毕业生总数的 22.94%；其次是加工制造类，毕业生数为 55 662 人，占 22.25%。毕业生数最少的是司法服务类专业，毕业生数为 161 人，占 0.06%；其次是休闲保健类，毕业生数为 520 人，占 0.21%。

从就业学生数看，信息技术类专业毕业生就业人数最多，为 55 918 人，占就业学生总数的 22.99%；其次是加工制造类，就业人数为 54 689 人，占 22.49%。毕业生就业人数最少的是司法服务类专业，就业人数为 157 人，占 0.06%；其次是休闲保健类，就业人数为 476 人，占 0.20%。各专业大类毕业生就业情况见表 3-23-4。

表 3-23-4

专业类别	毕业生数/人	就业人数/人	就业率/%
信息技术类	57 378	55 918	97.46
加工制造类	55 662	54 689	98.25
医药卫生类	29 197	28 522	97.69
交通运输类	17 973	17 499	97.36
财经商贸类	15 859	15 484	97.64
旅游服务类	14 416	14 043	97.41
教育类	10 448	9 970	95.42
土木水利类	9 628	9 495	98.62
农林牧渔类	9 456	8 597	90.92
其他类	6 510	5 970	91.71
轻纺食品类	5 731	5 624	98.13
文化艺术类	4 957	4 760	96.03
能源与新能源类	4 289	4 215	98.27
公共管理与服务类	3 970	3 853	97.05
石油化工类	1 893	1 859	98.20
体育与健身类	1 185	1 184	99.92

续表

专业类别	毕业生数/人	就业人数/人	就业率/%
资源环境类	888	880	99. 10
休闲保健类	520	476	91. 54
司法服务类	161	157	97. 52
合计	250 121	243 195	97. 23

贵州省中等职业学校毕业生就业情况

2012 年，贵州省中等职业学校毕业生总数为 63 020 人，就业学生数为 60 775 人，就业率为 96. 44%。与 2011 年相比，毕业生数有所减少，但就业率有所上升 (见表 3-24-1)。

表 3-24-1

项目	2011 年	2012 年
毕业生数/人	79 827	63 020
就业人数/人	76 138	60 775
就业率/%	95. 38	96. 44

一、总体情况

(一) 就业去向

贵州省 60 775 名就业学生中到各种所有制企、事业单位的有 48 649 人，占全部就业学生的 80. 05%；合法从事个体经营的有 5 498 人，占 9. 05%；升入高一级学校就读的有 6 628 人，占 10. 90%。

(二) 产业分布

从事第一产业的毕业生数为 8 165 人，占全部就业学生的 13. 43%；从事第二产业的为 18 202 人，占 29. 95%；从事第三产业的为 34 408 人，占 56. 62%。与 2011 年相比，从事第一产业和第二产业人数的比例均有所提高 (见表 3-24-2)。

表 3-24-2

项目	2011 年		2012 年	
	就业人数/人	占就业人数比例/%	就业人数/人	占就业人数比例/%
第一产业	4 887	6. 42	8 165	13. 43
第二产业	21 986	28. 88	18 202	29. 95
第三产业	49 265	64. 70	34 408	56. 62

（三）就业地域

就业地域分为本地、异地和境外。本地就业的毕业生数为 29 802 人，占全部就业学生的 49.04%；异地就业的为 30 973 人，占 50.96%；境外就业的为 0 人。与 2011 年相比，异地就业比例有所上升，本地就业比例有所下降，基本持平（见表 3-24-3）。

表 3-24-3

项目	2011 年		2012 年	
	就业人数/人	占就业人数比例/%	就业人数/人	占就业人数比例/%
本　地	38 959	51.17	29 802	49.04
异　地	37 169	48.82	30 973	50.96
境　外	10	0.01	0	0.00

（四）就业渠道

通过学校推荐就业的毕业生数为 44 150 人，占全部就业学生的 72.65%；通过中介介绍就业的为 3 216 人，占 5.29%；通过其他渠道就业的为 13 409 人，占 22.06%。

与 2011 年相比，2012 年贵州省中等职业学校毕业生就业呈现以下特点：

一是毕业生数有所下降；企事业单位仍然是中职学生的主要就业方向，相对而言，个体经营人数有所下降。2012 年毕业的学生比 2011 年减少 16 807 人，减少 21.05%。2012 年个体经营的比例占就业学生总数的 9.05%，比 2011 年降低了 1.3%。

二是就业于第三产业的人数有所下降，第一产业毕业生数的比例呈增长趋势，但第三产业仍然是中职毕业生就业的主要领域。2012 年就业于第一产业的毕业生数及占当年毕业生总数的比例有所上升，相对于 2011 年增长了 7.02%，第三产业就业人数比例较 2011 年下降了 8.08%，但仍占就业人数的 56.62%。

三是异地就业的比例有所增长。2012 年异地就业毕业生比例比 2011 年增长了 2.14%，而本地就业比例降低了 2.13%。本地与异地所占比例处于比较平均的状态，本地就业占 49.04%，异地就业占 50.96%。

二、各专业大类就业情况

根据《中等职业学校专业目录（2010 年修订）》确定的 19 个专业类别，各专业大类的就业情况如下：

从专业分类看，就业情况最好的专业是石油化工类，就业率达到 99.72%；其次是资源环境类，就业率为 99.27%；其他类、交通运输类、农林牧渔类、公共管理与服务类、信息技术类、轻纺食品类、文化艺术类、加工制造类、司法服务类的就业率处于平均水平以上；能源与新能源类就业率保持在 82%以上。

从毕业生数看，信息技术类专业毕业生数最多，为 13 005 人，占毕业生总数的 20.64%；其次是医药卫生类，毕业生数为 10 496 人，占 16.66%。毕业生数最少的是能源与新能源类专业，毕业生数为 87 人，占 0.14%；其次是司法服务类，毕业生数为 231 人，占 0.37%。

从就业学生数看，信息技术类专业毕业生就业人数最多，为 12 692 人，占就业学生总数的 20.78%；其次是医药卫生类，就业人数 10 026 人，占 16.50%。毕业生就业人数最少的是能源与新能源类专业，就业人数为 72 人，占 0.12%；其次是司法服务类，就业人数为 223 人，占 0.37%。各专业大类毕业生就业情况见表 3-24-4。

表 3-24-4

专业类别	毕业生数/人	就业人数/人	就业率/%
信息技术类	13 005	12 629	97.11
医药卫生类	10 496	10 026	95.52
加工制造类	9 132	8 830	96.69
教育类	7 197	6 863	95.36
农林牧渔类	5 384	5 249	97.49
交通运输类	4 081	4 000	98.02
旅游服务类	3 922	3 701	94.37
财经商贸类	2 182	2 058	94.32
资源环境类	1 241	1 232	99.27
文化艺术类	1 158	1 124	97.06
其他类	987	976	98.89
轻纺食品类	921	894	97.07
土木水利类	838	806	96.18
体育与健身类	762	733	96.19
石油化工类	707	705	99.72
公共管理与服务类	409	398	97.31
休闲保健类	280	256	91.43
司法服务类	231	223	96.54
能源与新能源类	87	72	82.76
合计	63 020	60 775	96.44

云南省中等职业学校毕业生就业情况

2012 年，云南省中等职业学校毕业生总数为 162 754 人，就业学生数为 157 491 人，就业率为 96.77%。与 2011 年相比，毕业生数有较大增加，就业率也有所上升（见表 3-25-1）。

表 3-25-1

项目	2011 年	2012 年
毕业生数/人	129 480	162 754
就业人数/人	124 806	157 491
就业率/%	96.39	96.77

一、总体情况

（一）就业去向

云南省 157 491 名就业学生中到各种所有制企、事业单位的有 92 979 人，占全部就业学生的 59.04%；合法从事个体经营的有 35 583 人，占 22.59%；升入高一级学校就读的有 28 929 人，占 18.37%。

（二）产业分布

从事第一产业的毕业生数为 42 060 人，占全部就业学生的 26.71%；从事第二产业的为 52 588 人，占 33.39%；从事第三产业的为 62 843 人，占 39.90%。与 2011 年相比，从事第一产业和第二产业人数的比例均有大幅提高（见表 3-25-2）。

表 3-25-2

项目	2011 年		2012 年	
	就业人数/人	占就业人数比例/%	就业人数/人	占就业人数比例/%
第一产业	11 304	9.06	42 060	26.71
第二产业	90 948	18.07	52 588	33.39

项目	2011 年		2012 年	
	就业人数/人	占就业人数比例/%	就业人数/人	占就业人数比例/%
第三产业	90 948	72.87	62 843	39.90

(三) 就业地域

就业地域分为本地、异地和境外。本地就业的毕业生数为 94 265 人，占全部就业学生的 59.85%；异地就业的为 62 834 人，占 39.90%；境外就业的为 392 人，占 0.25%。与 2011 年相比，本地就业比例略有上升，异地就业比例略有下降，相对而言本地就业比例稍大（见表 3-25-3）。

表 3-25-3

项目	2011 年		2012 年	
	就业人数/人	占就业人数比例/%	就业人数/人	占就业人数比例/%
本　地	73 914	59.22	94 265	59.85
异　地	50 614	40.55	62 834	39.90
境　外	278	0.22	392	0.25

(四) 就业渠道

通过学校推荐就业的毕业生数为 108 118 人，占全部就业学生的 68.65%；通过中介介绍就业的为 13 124 人，占 8.33%；通过其他渠道就业的为 36 249 人，占 23.02%。

与 2011 年相比，2012 年云南省中等职业学校毕业生就业呈现以下特点：

一是毕业生数有较大增加；进入企、事业单位毕业生的比例有所下降，合法从事个体经营和升入高一级学校就读的学生比例有明显增长。2012 年毕业的学生比 2011 年增加 33 274 人，增长率为 25.70%。2012 年进入企、事业单位的比例占就业学生总数的 59.04%，比 2011 年降低了 16.6%；个体经营的比例较 2011 年增长了 9.68%，升学的比例较 2011 年增长了 6.38%。

二是就业于第三产业的人数大幅下降，就业于第一产业和第二产业毕业生数的比例呈增长趋势，三个产业的就业相对均衡。2012 年就业于第一产业的毕业生数及占当年就业学生总数的比例有所上升，相对于 2011 年增长了 17.65%，第二产业就业人数比例较 2011 年增长了 15.32%。

三是学校推荐就业的比例有所下降。2012 年学校推荐就业毕业生的比例比 2011 年降低了 5.51%，而通过其他渠道就业的比例上升了 6.77%。百分点的变化说明中职学生的就业渠道出现多元化趋势，不过学校推荐仍占主要地位。

二、各专业大类就业情况

根据《中等职业学校专业目录（2010 年修订）》确定的 19 个专业类别，各专业大类的就业情况如下：

从专业分类看，就业情况最好的专业是信息技术类，就业率达到 98.92%；其次是加工制造类，就业率为 98.69%；公共管理与服务类、财经商贸类、教育类、石油化工类、旅游服务类就业率处于平均水平以上；体育与健身类就业率保持在 91%以上。

从毕业生数看，信息技术类专业毕业生数最多，为 30 567 人，占毕业生总数的 18.78%；其次是医药卫生类，毕业生数为 20 175 人，占 12.40%。毕业生数最少的是休闲保健类专业，毕业生数为 845 人，占 0.52%；其次是资源环境类，毕业生数为1 396人，占 0.86%。

从就业学生数看，信息技术类专业毕业生就业人数最多，为 30 236 人，占就业学生总数的 19.20%；其次是医药卫生类，就业人数 19 398 人，占 12.32%。毕业生就业人数最少的是休闲保健类专业，就业人数 800 人，占 0.51%；其次是资源环境类，就业人数为1 321人，占 0.84%。各专业大类毕业生就业情况见表 3-25-4。

表 3-25-4

专业类别	毕业生数/人	就业人数/人	就业率/%
信息技术类	30 567	30 236	98.92
医药卫生类	20 175	19 398	96.15
农林牧渔类	17 800	16 980	95.39
加工制造类	16 702	16 483	98.69
财经商贸类	16 386	16 085	98.16
交通运输类	12 775	11 938	93.45
旅游服务类	9 891	9 586	96.92
公共管理与服务类	6 507	6 408	98.48
文化艺术类	5 976	5 664	94.78
土木水利类	5 071	4 881	96.25
教育类	4 893	4 768	97.45
石油化工类	3 579	3 485	97.37

续表

专业类别	毕业生数/人	就业人数/人	就业率/%
司法服务类	2 786	2 597	93.22
轻纺食品类	2 098	1 954	93.14
其他类	2 053	1 876	91.38
体育与健身类	1 680	1 534	91.31
能源与新能源类	1 574	1 497	95.11
资源环境类	1 396	1 321	94.63
休闲保健类	845	800	94.67
合计	162 754	157 491	96.77

西藏自治区中等职业学校毕业生就业情况

2012 年，西藏自治区中等职业学校毕业生总数为 6 412 人，就业学生数为 4 987 人，就业率为 77.78%。与 2011 年相比，毕业生数有所降低，就业率降低得较为明显（见表 3-26-1）。

表 3-26-1

项目	2011 年	2012 年
毕业生数/人	7 751	6 412
就业人数/人	7 223	4 987
就业率/%	93.19	77.78

一、总体情况

（一）就业去向

西藏 4 987 名就业学生中到各种所有制企、事业单位的有 3 027 人，占全部就业学生的 60.70%；合法从事个体经营的有 278 人，占 5.57%；升入高一级学校就读的有 1 682 人，占 33.73%。

（二）产业分布

从事第一产业的毕业生数为 375 人，占全部就业学生的 7.52%；从事第二产业的为 287 人，占 5.75%；从事第三产业的为 4 325 人，占 86.73%。与 2011 年相比，从事第一产业和第二产业人数的比例均有较大幅度下降（见表 3-26-2）。

表 3-26-2

项目	2011 年		2012 年	
	就业人数/人	占就业人数比例/%	就业人数/人	占就业人数比例/%
第一产业	1 118	15.48	375	7.52
第二产业	2 213	30.64	287	5.75
第三产业	3 892	53.88	4 325	86.73

（三）就业地域

就业地域分为本地、异地和境外。本地就业的毕业生数为 4 662 人，占全部就业学生的 93.48%；异地就业的为 325 人，占 6.52%；境外就业的为 0 人。与 2011 年相比，本地就业比例略有上升，异地就业比例略有下降，本地就业所占比例相当大（见表 3-26-3）。

表 3-26-3

项目	2011 年		2012 年	
	就业人数/人	占就业人数比例/%	就业人数/人	占就业人数比例/%
本　地	6 605	91.44	4 662	93.48
异　地	618	8.56	325	6.52
境　外	0	0.00	0	0.00

（四）就业渠道

通过学校推荐就业的毕业生数为 2 981 人，占全部就业学生的 59.78%；通过中介介绍就业的为 36 人，占 0.72%；通过其他渠道就业的为 1 970 人，占 39.50%。

与 2011 年相比，2012 年西藏自治区中等职业学校毕业生就业呈现以下特点：

一是毕业生数有所降低；升入高一级学校就读的比例有所上升，进入企、事业单位仍在毕业生就业中占主导位置。2012 年毕业的中职学生比 2011 年减少 1 339 人，减少 17.28%。2012 年进入企、事业单位的比例占就业学生总数的 60.70%，比 2011 年降低了 2.40%；个体经营的比例较 2011 年减少了 10.84%，升学的比例较 2011 年增长了 13.24%。

二是就业于第三产业的人数有明显增加；第一产业和第二产业毕业生数的比例呈降低趋势，但毕业生就业主要集中在第三产业。2012 年就业于第一产业的毕业生数及占当年毕业生总数的比例有所下降，相对于 2011 年降低 7.96%；第二产业就业人数比例较 2011 年降低了 24.89%；第三产业就业人数较 2011 年增长了 32.85%。这说明中职学生在西藏产业结构优化升级，特别是在“做强三产”中起了重要作用。

三是学校推荐就业和其他渠道就业的比例有所上升。2012 年学校推荐就业毕业生的比例比 2011 年上升了 3.04%；通过其他渠道就业的比例上升了 13.96%；中介介绍的比例降低了 17%。这说明中职学生的就业渠道出现多元化趋势。

二、各专业大类就业情况

根据《中等职业学校专业目录（2010年修订）》确定的19个专业类别，各专业大类的就业情况如下：

从专业分类看，就业情况最好的专业是资源环境类、财经商贸类和教育类，就业率均达到100%；其次是公共管理与服务类，就业率为97.59%；轻纺食品类、交通运输类、信息技术类、旅游服务类、土木水利类、文化艺术类、体育与健身类就业率处于平均水平以上。

从毕业生数看，医药卫生类专业毕业生数最多，为1 671人，占毕业生总数的26.06%；其次是旅游服务类，毕业生数为1 082人，占16.87%。毕业生数最少的是石油化工类、休闲保健类、司法服务类、能源与新能源类专业，本年度没有毕业生；其次是教育类，毕业生数为42人，占0.66%。

从就业学生数看，医药卫生类专业毕业生就业人数最多，为1 158人，占就业学生总数的23.22%；其次是旅游服务类，就业人数为915人，占18.35%。毕业生就业人数最少的是石油化工类、休闲保健类、司法服务类、能源与新能源类专业，本年度这些专业无毕业生就业；其次是教育类，就业人数为42人，占0.84%。各专业大类毕业生就业情况见表3-26-4。

表3-26-4

专业类别	毕业生数/人	就业人数/人	就业率/%
医药卫生类	1 671	1 158	69.30
旅游服务类	1 082	915	84.57
信息技术类	926	803	86.72
农林牧渔类	847	541	63.87
文化艺术类	466	375	80.47
其他类	342	257	75.15
交通运输类	244	221	90.57
土木水利类	235	196	83.40
体育与健身类	150	117	78.00
加工制造类	123	85	69.11
轻纺食品类	97	92	94.85
公共管理与服务类	83	81	97.59

续表

专业类别	毕业生数/人	就业人数/人	就业率/%
财经商贸类	55	55	100.00
资源环境类	49	49	100.00
教育类	42	42	100.00
能源与新能源类	0	0	0.00
石油化工类	0	0	0.00
休闲保健类	0	0	0.00
司法服务类	0	0	0.00
合计	6 412	4 987	77.78

陕西省中等职业学校毕业生就业情况

2012 年，陕西省中等职业学校毕业生总数为 131 924 人，就业学生数为 127 401 人，就业率为 96.57%。与 2011 年相比，毕业人数有所减少，但就业率有所上升(见表 3-27-1)。

表 3-27-1

项目	2011 年	2012 年
毕业生数/人	146 141	131 924
就业人数/人	139 671	127 401
就业率/%	95.57	96.57

一、总体情况

（一）就业去向

陕西省 127 401 名就业学生中到各种所有制企、事业单位的有 104 792 人，占全部就业学生的 82.25%；合法从事个体经营的有 9 926 人，占 7.79%；升入高一级学校就读的有 12 683 人，占 9.96%。

（二）产业分布

从事第一产业的毕业生数为 8 471 人，占全部就业学生的 6.65%；从事第二产业的为 38 576 人，占 30.28%；从事第三产业的为 80 354 人，占 63.07%。与 2011 年相比，从事第一产业和第二产业人数的比例均有所下降（见表 3-27-2)。

表 3-27-2

项目	2011 年		2012 年	
	就业人数/人	占就业人数比例/%	就业人数/人	占就业人数比例/%
第一产业	10 519	7.53	8 471	6.65
第二产业	47 251	33.83	38 576	30.28
第三产业	81 901	58.64	80 354	63.07

（三）就业地域

就业地域分为本地、异地和境外。本地就业的毕业生数为 58 280 人，占全部就业学生的 45.75%；异地就业的为 68 776 人，占 53.98%；境外就业的为 345 人，占 0.27%。与 2011 年相比，本地就业比例有所上升，异地就业比例有所下降（见表 3-27-3）。

表 3-27-3

项目	2011 年		2012 年	
	就业人数/人	占就业人数比例/%	就业人数/人	占就业人数比例/%
本　地	59 127	42.33	58 280	45.75
异　地	79 885	57.20	68 776	53.98
境　外	659	0.47	345	0.27

（四）就业渠道

通过学校推荐就业的毕业生数为 105 081 人，占全部就业学生的 82.48%；通过中介介绍就业的为 8 711 人，占 6.84%；通过其他渠道就业的为 13 609 人，占 10.68%。

与 2011 年相比，2012 年陕西省中等职业学校毕业生就业呈现以下特点：

一是毕业生数有所下降；进入企、事业单位仍然是中职毕业生主要就业方向，相对而言个体经营人数有所减少，升学比例有所提高。2012 年毕业的学生比 2011 年减少 14 217 人，减少 9.73%。2012 年个体经营的比例占就业学生总数的 7.79%，比 2011 年降低了 4.63%，而升学人数比例上升了 5.48%。

二是就业于第一、二产业人数有所下降，第三产业毕业生数的比例呈增长趋势，这表明第三产业仍然是中职毕业生就业的主要领域。2012 年就业于第三产业的毕业生数占当年毕业生总数的比例有所上升，相对于 2011 年增长了 4.43%，第二产业就业人数比例较 2011 年下降了 3.55%，第一产业就业人数比例较 2011 年下降了 0.88%。

三是本地就业的比例有所增长。2012 年本地就业毕业生比例比 2011 年增长了 3.42%，而异地就业比例降低了 3.22%。这说明中职学生的就业较好地配合了区域经济的发展。

二、各专业大类就业情况

根据《中等职业学校专业目录（2010 年修订）》确定的 19 个专业类别，各专业

大类的就业情况如下：

从专业分类看，就业情况最好的专业是石油化工类，就业率达到 99.47%；其次是轻纺食品类，就业率为 98.75%；教育类、加工制造类、信息技术类、司法服务类、旅游服务类、交通运输类、土木水利类、财经商贸类的就业率处于平均水平以上；休闲保健类就业率保持在 88%以上。

从毕业生数看，加工制造类专业毕业生数最多，为 30 193 人，占毕业生总数的 22.89%；其次是信息技术类，毕业生数为 22 381 人，占 16.97%。毕业生数最少的是休闲保健类专业，毕业生数为 256 人，占 0.19%；其次是体育与健身类，毕业生数为 759 人，占 0.58%。

从就业学生数看，加工制造类专业毕业生就业人数最多，为 29 783 人，占就业学生总数的 23.38%；其次是信息技术类，就业人数为 21 934 人，占 17.22%。毕业生就业人数最少的是休闲保健类专业，就业人数为 226 人，占 0.18%；其次是体育与健身类，就业人数为 672 人，占 0.53%。各专业大类毕业生就业情况见表 3-27-4。

表 3-27-4

专业类别	毕业生数/人	就业人数/人	就业率/%
加工制造类	30 193	29 783	98.64
信息技术类	22 381	21 934	98.00
医药卫生类	21 043	19 684	93.54
其他类	11 675	10 875	93.15
交通运输类	7 116	6 939	97.51
财经商贸类	6 561	6 344	96.69
农林牧渔类	5 800	5 592	96.41
文化艺术类	4 824	4 586	95.07
教育类	4 436	4 379	98.72
旅游服务类	3 995	3 897	97.55
土木水利类	3 752	3 656	97.44
石油化工类	2 256	2 244	99.47
能源与新能源类	2 185	2 043	93.50
资源环境类	1 353	1 287	95.12
轻纺食品类	1 204	1 189	98.75
公共管理与服务类	1 093	1 051	96.16

续表

专业类别	毕业生数/人	就业人数/人	就业率/%
司法服务类	1 042	1 020	97.89
体育与健身类	759	672	88.54
休闲保健类	256	226	88.28
合计	131 924	127 401	96.57

甘肃省中等职业学校毕业生就业情况

2012 年，甘肃省中等职业学校毕业生总数为 95 837 人，就业学生数为 91 045 人，就业率为 95.00%。与 2011 年相比，毕业生数有所减少，就业率有所下降（见表 3-28-1）。

表 3-28-1

项目	2011 年	2012 年
毕业生数/人	104 120	95 837
就业人数/人	99 643	91 045
就业率/%	95.70	95.00

一、总体情况

（一）就业去向

甘肃省 91 045 名就业学生中到各种所有制企、事业单位的有 69 231 人，占全部就业学生的 76.04%；合法从事个体经营的有 6 775 人，占 7.44%；升入高一级学校就读的有 15 039 人，占 16.52%。

（二）产业分布

从事第一产业的毕业生数为 7 958 人，占全部就业学生的 8.74%；从事第二产业的为 37 870 人，占 41.59%；从事第三产业的为 45 217 人，占 49.67%。与 2011 年相比，从事第一产业和第三产业人数的比例均有所上升（见表 3-28-2）。

表 3-28-2

项目	2011 年		2012 年	
	就业人数/人	占就业人数比例/%	就业人数/人	占就业人数比例/%
第一产业	5 716	5.74	7 958	8.74
第二产业	52 471	52.66	37 870	41.59
第三产业	41 456	41.60	45 217	49.67

（三）就业地域

就业地域分为本地、异地和境外。本地就业的毕业生数为 39 133 人，占全部就业学生的 42.98%；异地就业的为 51 854 人，占 56.96%；境外就业的为 58 人，占 0.06%。与 2011 年相比，本地就业比例有所上升，异地就业比例有所下降（见表 3-28-3）。

表 3-28-3

项目	2011 年		2012 年	
	就业人数/人	占就业人数比例/%	就业人数/人	占就业人数比例/%
本　地	37 281	37.41	39 133	42.98
异　地	62 343	62.57	51 854	56.96
境　外	19	0.02	58	0.06

（四）就业渠道

通过学校推荐就业的毕业生数为 75 653 人，占全部就业学生的 83.09%；通过中介介绍就业的为 5 896 人，占 6.48%；通过其他渠道就业的为 9 496 人，占 10.43%。

与 2011 年相比，2012 年甘肃省中等职业学校毕业生就业呈现以下特点：

一是毕业生数有所下降；进入企、事业单位仍然是中职毕业生主要就业方向，相对而言进入企、事业单位和从事个体经营人数有所减少，升学比例有所提高。2012 年毕业的学生比 2011 年减少 8 283 人，减少 7.96%。2012 年进入企、事业单位的比例占就业学生总数的 76.04%，比 2011 年降低了 2.89%，而升学人数比例上升了 3.47%。

二是就业于第一、三产业人数有所上升。受甘肃省工业化产业结构特征影响，第二产业和第三产业是甘肃省中等职业学校毕业生就业的主要领域。2012 年就业于第二产业的毕业生数及占当年毕业生总数的比例均有所下降，相对于 2011 年下降了 11.07%，第三产业就业人数比例较 2011 年上升了 8.06%，第一产业就业人数比例较 2011 年下降了 3%。

三是本地就业的比例有所增长。2012 年本地就业毕业生比例比 2011 年增长了 5.57%，而异地就业比例降低了 5.62%，说明中职学生的就业较好地配合了区域经济的发展。

二、各专业大类就业情况

根据《中等职业学校专业目录（2010年修订）》确定的19个专业类别，各专业大类的就业情况如下：

从专业分类看，就业情况最好的专业是轻纺食品类，就业率达到95.24%；其次是体育与健身类，就业率为95.06%；石油化工类、交通运输类、财经商贸类、能源与新能源类、信息技术类、旅游服务类、加工制造类、农林牧渔类、医药卫生类的就业率处于平均水平以上；休闲保健类就业率保持在94.59%以上。

从毕业生数看，加工制造类专业毕业生数最多，为24 066人，占毕业生总数的25.11%；其次是医药卫生类，毕业生数为19 812人，占20.67%。毕业生数最少的是司法服务类专业，本年度没有毕业生；其次是休闲保健类，毕业生数为37人，占0.04%。

从就业学生数看，加工制造类专业毕业生就业人数最多，为22 863人，占就业学生总数的25.11%；其次是医药卫生类，就业人数为18 821人，占20.67%。毕业生就业人数最少的是司法服务类专业，本年度没有毕业生就业；其次是休闲保健类，就业人数为35人，占0.04%。各专业大类毕业生就业情况见表3-28-4。

表3-28-4

专业类别	毕业生数/人	就业人数/人	就业率/%
加工制造类	24 066	22 863	95.00
医药卫生类	19 812	18 821	95.00
信息技术类	15 125	14 369	95.00
土木水利类	5 909	5 613	94.99
财经商贸类	5 685	5 401	95.00
农林牧渔类	4 979	4 730	95.00
能源与新能源类	4 863	4 620	95.00
旅游服务类	3 901	3 706	95.00
教育类	2 614	2 483	94.99
交通运输类	2 365	2 247	95.01
公共管理与服务类	1 635	1 553	94.98
其他类	1 452	1 379	94.97
文化艺术类	1 213	1 152	94.97

续表

专业类别	毕业生数/人	就业人数/人	就业率/%
石油化工类	1 025	974	95.02
体育与健身类	769	731	95.06
轻纺食品类	231	220	95.24
资源环境类	156	148	94.87
休闲保健类	37	35	94.59
司法服务类	0	0	0.00
合计	95 837	91 045	95.00

青海省中等职业学校毕业生就业情况

2012 年，青海省中等职业学校毕业生总数为 19 124 人，就业学生数为 18 549 人，就业率为 96.99%。与 2011 年相比，毕业生数有所减少，就业率有所上升（见表 3-29-1）。

表 3-29-1

项目	2011 年	2012 年
毕业生数/人	21 620	19 124
就业人数/人	20 863	18 549
就业率/%	96.50	96.99

一、总体情况

（一）就业去向

青海省 18 549 名就业学生中到各种所有制企、事业单位的有 13 594 人，占全部就业学生的 73.29%；合法从事个体经营的有 2 466 人，占 13.29%；升入高一级学校就读的有 2 489 人，占 13.42%。

（二）产业分布

从事第一产业的毕业生数为 404 人，占全部就业学生的 2.18%；从事第二产业的为 8 596 人，占 46.34%；从事第三产业的为 9 549 人，占 51.48%。与 2011 年相比，从事第一产业和第二产业人数的比例均有所下降（见表 3-29-2）。

表 3-29-2

项目	2011 年		2012 年	
	就业人数/人	占就业人数比例/%	就业人数/人	占就业人数比例/%
第一产业	943	4.52	404	2.18
第二产业	9 829	47.11	8 596	46.34
第三产业	10 091	48.37	9 549	51.48

（三）就业地域

就业地域分为本地、异地和境外。本地就业的毕业生数为 15 192 人，占全部就业学生的 81.90%；异地就业的为 3 357 人，占 18.10%；境外就业的为 0 人。与 2011 年相比，本地就业比例有所上升，异地就业比例有所下降（见表 3-29-3）。

表 3-29-3

项目	2011 年		2012 年	
	就业人数/人	占就业人数比例/%	就业人数/人	占就业人数比例/%
本　地	15 010	71.95	15 192	81.90
异　地	5 820	27.90	3 357	18.10
境　外	33	0.16	0	0

（四）就业渠道

通过学校推荐就业的毕业生数为 14 431 人，占全部就业学生的 77.80%；通过中介介绍就业的为 1 313 人，占 7.08%；通过其他渠道就业的为 2 805 人，占 15.12%。

与 2011 年相比，2012 年青海省中等职业学校毕业生就业呈现以下特点：

一是毕业生数有所下降；进入企、事业单位仍然是中职学生主要就业方向。相对而言进入企、事业单位和升学人数有所减少，个体经营比例有所提高。2012 年毕业学生比 2011 年减少 2 496 人，降低了 11.54%。2012 年进入企、事业单位的比例占就业学生总数的 73.29%，比 2011 年降低了 4.9%，而个体经营人数比例上升了 6.51%。

二是就业于第二、三产业人数较多，第二产业和第三产业仍是中职毕业生就业的主要领域。2012 年就业于第二产业的毕业生数及占当年毕业生总数的比例均有所下降，相对于 2011 年下降了 0.77%；第三产业就业人数比例较 2011 年上升了 3.11%；第一产业就业人数比例较 2011 年下降 2.34%。

三是本地就业的毕业生占到绝大多数，所占比例大幅增长。2012 年本地就业毕业生比例比 2011 年增长了 9.95%，而异地就业比例降低了 9.8%。这说明中职学生就业较好地适应了青海省区域经济的发展形势。

二、各专业大类就业情况

根据《中等职业学校专业目录（2010 年修订）》确定的 19 个专业类别，各专业

大类的就业情况如下：

从专业分类看，就业情况最好的专业是农林牧渔类，就业率达到 100%；其次是加工制造类，就业率为 99.85%；交通运输类、土木水利类、休闲保健类、信息技术类、石油化工类、资源环境类的就业率处于平均水平以上；体育与健身类的就业率为 50.91%。

从毕业生数看，医药卫生类专业毕业生数最多，为 4 930 人，占毕业生总数的 25.78%；其次是加工制造类，毕业生数为 4 606 人，占 24.08%。毕业生数较少的为财经商贸类，毕业生数为 40 人，占 0.21%。

从就业学生数看，医药卫生类专业毕业生就业人数最多，为 4 734 人，占就业学生总数的 25.52%；其次是加工制造类，就业人数为 4 599 人，占 24.79%。就业人数较少为财经商贸类，就业人数为 38 人，占 0.20%。各专业大类毕业生就业情况见表 3-29-4。

表 3-29-4

专业类别	毕业生数/人	就业人数/人	就业率/%
医药卫生类	4 930	4 734	96.02
加工制造类	4 606	4 599	99.85
信息技术类	1 572	1 548	98.47
石油化工类	1 282	1 262	98.44
教育类	1 171	1 057	90.26
文化艺术类	1 134	1 090	96.12
旅游服务类	1 133	1 091	96.29
土木水利类	863	851	98.61
交通运输类	747	739	98.93
其他类	507	487	96.06
农林牧渔类	404	404	100.00
资源环境类	252	248	98.41
休闲保健类	140	138	98.57
体育与健身类	110	56	50.91
轻纺食品类	89	81	91.01
司法服务类	74	59	79.73
能源与新能源类	70	67	95.71
财经商贸类	40	38	95.00
公共管理与服务类	0	0	0.00
合计	19 124	18 549	96.99

宁夏回族自治区中等职业学校毕业生就业情况

2012 年，宁夏回族自治区中等职业学校毕业生总数为 42 700 人，就业学生数为 41 200 人，就业率为 96.49%。与 2011 年相比，毕业生数有所增加，就业率略有上升（见表 3-30-1）。

表 3-30-1

项目	2011 年	2012 年
毕业生数/人	37 540	42 700
就业人数/人	36 200	41 200
就业率/%	96.43	96.49

一、总体情况

（一）就业去向

宁夏 41 200 名就业学生中到各种所有制企、事业单位的有 22 660 人，占全部就业学生的 55.00%；合法从事个体经营的有 14 832 人，占 36.00%；升入高一级学校就读的有 3 708 人，占 9.00%。

（二）产业分布

从事第一产业的毕业生数为 11 330 人，占全部就业学生的 27.50%；从事第二产业的为 19 693 人，占 47.80%；从事第三产业的为 10 177 人，占 24.70%。与 2011 年相比，从事第一产业和第二产业人数所占比例无明显变化（见表 3-30-2）。

表 3-30-2

项目	2011 年		2012 年	
	就业人数/人	占就业人数比例/%	就业人数/人	占就业人数比例/%
第一产业	9 955	27.50	11 330	27.50
第二产业	17 314	47.83	19 693	47.80
第三产业	8 931	24.67	10 177	24.70

（三）就业地域

就业地域分为本地、异地和境外。本地就业的毕业生数为 28 840 人，占全部就业学生的 70.00%；异地就业的为 12 360 人，占 30.00%；境外就业的为 0 人。与 2011 年相比，本地就业比例有所上升，异地就业比例有所下降（见表 3-30-3）。

表 3-30-3

项目	2011 年		2012 年	
	就业人数/人	占就业人数比例/%	就业人数/人	占就业人数比例/%
本　地	23 441	64.75	28 840	70.00
异　地	12 759	35.25	12 360	30.00
境　外	0	0	0	0

（四）就业渠道

通过学校推荐就业的毕业生数为 36 668 人，占全部就业学生的 89.00%；通过中介介绍就业的为 0 人；通过其他渠道就业的为4 532人，占 11.00%。

与 2011 年相比，2012 年宁夏回族自治区中等职业学校毕业生就业呈现以下特点：

一是毕业生数有所上升；进入企、事业单位仍然是中职学生主要就业方向，相对而言个体经营比例有所减少，升学比例有所提高。2012 年毕业的学生比 2011 年增加 5 160 人，上升了 13.75%。2012 年个体经营的毕业生占就业学生总数的 36.00%，比 2011 年降低了 1.17%，而升学人数比例上升了 1.73%。

二是就业于第二产业人数较多，第一产业和第三产业就业人数所占比例相近。特别是第一产业的就业人数占全部就业学生的 27.50%，高于其他省份的对应比例。与 2011 年相比，各产业所占比例没有太大变化。

三是本地就业的毕业生占绝大多数。2012 年本地就业毕业生比例比 2011 年增长了 5.25%，而异地就业比例降低了 5.25%。这说明中职学生的就业较好地满足了宁夏回族自治区区域经济的发展需求。

二、各专业大类就业情况

根据《中等职业学校专业目录（2010 年修订）》确定的 19 个专业类别，各专业大类的就业情况如下：

从专业分类看，就业情况最好的专业是医药卫生类、休闲保健类、旅游服务类、文化艺术类、体育与健身类、教育类、司法服务类，就业率均达到100%；其他类、信息技术类、资源环境类、石油化工类、能源与新能源类、土木水利类、公共管理与服务类、加工制造类的就业率处于平均水平以上；财经商贸类就业率保持在91%以上。

从毕业生数看，农林牧渔类专业毕业生数最多，为11 577人，占毕业生总数的27.11%。毕业生数最少的是体育与健身类和休闲保健类，本年度只有250人毕业，占0.59%；其次是文化艺术类，毕业生数为300人，占0.70%。

从就业学生数看，农林牧渔类专业就业人数最多，为10 682人，占就业学生总数的25.93%。就业人数最少的是体育与健身类和休闲保健类专业，就业人数均为250人，占就业人数的0.61%；其次是文化艺术类，就业人数为300人，占0.73%。各专业大类毕业生就业情况见表3-30-4。

表3-30-4

专业类别	毕业生数/人	就业人数/人	就业率/%
农林牧渔类	11 577	10 682	92.27
其他类	10 563	10 495	99.36
加工制造类	4 310	4 180	96.98
信息技术类	2 700	2 677	99.15
财经商贸类	1 680	1 545	91.96
轻纺食品类	1 650	1 565	94.85
能源与新能源类	1 550	1 522	98.19
石油化工类	1 440	1 418	98.47
教育类	1 420	1 420	100.00
交通运输类	1 250	1 173	93.84
公共管理与服务类	900	882	98.00
司法服务类	720	720	100.00
土木水利类	600	588	98.00
资源环境类	540	533	98.70
医药卫生类	500	500	100.00
旅游服务类	500	500	100.00
文化艺术类	300	300	100.00
休闲保健类	250	250	100.00
体育与健身类	250	250	100.00
合计	42 700	41 200	96.49

新疆维吾尔自治区中等职业学校毕业生就业情况

2012 年，新疆维吾尔自治区中等职业学校毕业生总数为 58 732 人，就业学生数为 49 241 人，就业率为 83.84%。与 2011 年相比，毕业生数有所减少，就业率有所下降（见表 3-31-1）。

表 3-31-1

项目	2011 年	2012 年
毕业生数/人	65 010	58 732
就业人数/人	57 339	49 241
就业率/%	88.20	83.84

一、总体情况

（一）就业去向

新疆维吾尔自治区 49 241 名就业学生中到各种所有制企、事业单位的有34 376 人，占全部就业学生的 69.81%；合法从事个体经营的有 9 816 人，占 19.94%；升入高一级学校就读的有 5 049 人，占 10.25%。

（二）产业分布

从事第一产业的毕业生数为 8 334 人，占全部就业学生的 16.92%；从事第二产业的为 14 313 人，占 29.07%；从事第三产业的为 26 594 人，占 54.01%。与 2011 年相比，从事第一产业和第三产业人数所占比例均有所降低（见表 3-31-2）。

表 3-31-2

项目	2011 年		2012 年	
	就业人数/人	占就业人数比例/%	就业人数/人	占就业人数比例/%
第一产业	10 596	18.48	8 334	16.92
第二产业	13 154	22.94	14 313	29.07
第三产业	33 589	58.58	26 594	54.01

（三）就业地域

就业地域分为本地、异地和境外。本地就业的毕业生数为 44 452 人，占全部就业学生的 90.27%；异地就业的为 4 766 人，占 9.68%；境外就业的为 23 人，占 0.05%。与 2011 年相比，本地就业比例略有下降，异地就业比例有所上升（见表3-31-3）。

表 3-31-3

项目	2011 年		2012 年	
	就业人数/人	占就业人数比例/%	就业人数/人	占就业人数比例/%
本　地	53 770	93.78	44 452	90.27
异　地	3 569	6.22	4 766	9.68
境　外	0	0.00	23	0.05

（四）就业渠道

通过学校推荐就业的毕业生数为 35 797 人，占全部就业学生的 72.70%；通过中介介绍就业的为 2 747 人，占 5.58%；通过其他渠道就业的为 10 697 人，占 21.72%。

与 2011 年相比，2012 年新疆维吾尔自治区中等职业学校毕业生就业呈现以下特点：

一是毕业生数有所下降，进入企、事业单位仍然是中职学生主要就业方向，相对而言升学比例有所减少，进入企、事业单位比例有所提高。2012 年毕业的学生比 2011 年减少 6 278 人，降低了 9.66%。2012 年升学的比例占就业学生总数的 10.25%，比 2011 年降低了 3.75%，而进入企、事业单位比例上升了 2.97%。

二是就业于第三产业人数最多；第二产业就业人数比例有所提高，但第一产业和第三产业人数比例有所降低。2012 年第二产业就业人数比例为 29.07%，比 2011 年提高 6.13%；第三产业降低了 4.57%。

三是本地就业的毕业生占绝大多数，比 2011 年略有降低。2012 年本地就业毕业生比例比 2011 年降低了 3.51%，但仍占就业人数的 90.27%；而异地就业比例上升了 3.46%。

二、各专业大类就业情况

根据《中等职业学校专业目录（2010 年修订）》确定的 19 个专业类别，各专业大类的就业情况如下：

从专业分类看，就业情况最好的专业是司法服务类，就业率达到 100%；其次是资源环境类，就业率为 95.66%；石油化工类、能源与新能源类、加工制造类、信息技术类、交通运输类、土木水利类、公共管理与服务类、医药卫生类、体育与健身类的就业率处于平均水平以上；财经商贸类就业率保持在 70%以上。

从毕业生数看，农林牧渔类专业毕业生数最多，为 9 426 人，占毕业生总数的 16.05%；其次是医药卫生类，毕业生数为 7 925 人，占 13.49%。毕业生数最少的是公共管理与服务类专业，毕业生数为 360 人，占 0.61%；其次是休闲保健类，毕业生数为 389 人，占 0.66%。

从就业学生数看，农林牧渔类专业毕业生就业人数最多，为 7 507 人，占就业学生总数的 15.25%；其次是医药卫生类，就业人数为 6 821 人，占 13.85%。毕业生就业人数最少的是休闲保健类，就业人数均为 277 人，占就业人数的 0.56%；其次是公共管理与服务类，就业人数为 310 人，占 0.63%。各专业大类毕业生就业情况见表 3-31-4。

表 3-31-4

专业类别	毕业生数/人	就业人数/人	就业率/%
农林牧渔类	9 426	7 507	79.64
医药卫生类	7 925	6 821	86.07
文化艺术类	4 893	3 900	79.71
加工制造类	4 771	4 311	90.36
财经商贸类	4 517	3 197	70.78
交通运输类	4 328	3 800	87.80
信息技术类	4 100	3 654	89.12
土木水利类	3 624	3 137	86.56
教育类	3 335	2 753	82.55
石油化工类	2 691	2 558	95.06
轻纺食品类	2 500	1 965	78.60
旅游服务类	1 868	1 520	81.37
其他类	1 179	880	74.64
资源环境类	990	947	95.66
能源与新能源类	893	836	93.62
司法服务类	478	478	100.00

续表

专业类别	毕业生数/人	就业人数/人	就业率/%
体育与健身类	465	390	83.87
休闲保健类	389	277	71.21
公共管理与服务类	360	310	86.11
合计	58 732	49 241	83.84

新疆生产建设兵团中等职业学校毕业生就业情况

2012 年，新疆生产建设兵团中等职业学校毕业生总数为 7 500 人，就业学生数为 7 354 人，就业率为 98.05%。与 2011 年相比，毕业生数有所减少，但就业率有所上升（见表 3-32-1）。

表 3-32-1

项目	2011 年	2012 年
毕业生数/人	11 787	7 500
就业人数/人	11 465	7 354
就业率/%	97.27	98.05

一、总体情况

（一）就业去向

新疆生产建设兵团 7 354 名就业学生中到各种所有制企：事业单位的有 6 661 人，占全部就业学生的 90.58%；合法从事个体经营的有 351 人，占 4.77%；升入高一级学校就读的有 342 人，占 4.65%。

（二）产业分布

从事第一产业的毕业生数为 369 人，占全部就业学生的 5.02%；从事第二产业的为 3 153 人，占 42.87%；从事第三产业的为 3 832 人，占 52.11%。与 2011 年相比，从事第二产业和第三产业人数的比例均有所提高（见表 3-32-2）。

表 3-32-2

项目	2011 年		2012 年	
	就业人数/人	占就业人数比例/%	就业人数/人	占就业人数比例/%
第一产业	2 517	21.95	369	5.02
第二产业	4 374	38.15	3 153	42.87
第三产业	4 574	39.90	3 832	52.11

（三）就业地域

就业地域分为本地、异地和境外。本地就业的毕业生数为 6 994 人，占全部就业学生的 95.10%；异地就业的为 360 人，占 4.90%；境外就业 0 人。与 2011 年相比，本地就业比例有所上升，异地就业比例有所下降（见表 3-32-3）。

表 3-32-3

项目	2011 年		2012 年	
	就业人数/人	占就业人数比例/%	就业人数/人	占就业人数比例/%
本　地	10 582	92.30	6 994	95.10
异　地	851	7.42	360	4.90
境　外	32	0.28	0	0

（四）就业渠道

通过学校推荐就业的毕业生数为 6 378 人，占全部就业学生的 86.73%；通过中介介绍就业的为 189 人，占 2.57%；通过其他渠道就业的为 787 人，占 10.70%。

与 2011 年相比，2012 年新疆生产建设兵团中等职业学校毕业生就业呈现以下特点：

一是毕业生数有明显下降，进入企、事业单位仍然是中职学生主要就业方向，相对而言个体经营和升学人数均有所下降。2012 年毕业的学生比 2011 年减少 4 287 人，降低了 36.37%。2012 年进入企、事业单位比例占就业学生总数的 90.58%，比 2011 年上升了 7.00%；个体经营的比例比 2011 年降低了 1.79%，升学人数的比例与 2011 年相比降低了 5.21%。

二是就业于第一产业人数有明显下降，第三产业毕业生人数的比例呈增长趋势。受新疆生产建设兵团近年来不断调整产业结构的影响，第二产业和第三产业比重持续增加，成为中职毕业生就业的主要领域。2012 年就业于第三产业的毕业生数占当年毕业生总数的比例相对于 2011 年增长 12.21%，第二产业就业人数比例上升了 4.72%；第一产业就业人数比例降低了 16.93%。

三是本地就业为中职学生就业的主要方向。2012 年本地就业毕业生比例比 2011 年增长了 2.80%，占就业人数的 95.10%，而异地就业比例降低了 2.52%。

二、各专业大类就业情况

根据《中等职业学校专业目录（2010 年修订）》确定的 19 个专业类别，各专业

大类的就业情况如下：

从专业分类看，就业情况最好的专业是农林牧渔类、加工制造类、石油化工类、交通运输类、财经商贸类、旅游服务类、文化艺术类、体育与健身类、司法服务类、公共管理与服务类，就业率均为 100%；土木水利类、信息技术类的就业率处于平均水平以上；教育类就业率保持在 89%以上。

从毕业生数看，加工制造类专业毕业生数最多，为 2017 人，占毕业生总数的 26.89%；其次是医药卫生类，毕业生数为 1 803 人，占 24.04%；毕业生数较少的为司法服务类专业，毕业人数为 19 人，占毕业生总数的 0.25%。

从就业学生数看，加工制造类专业毕业生就业人数最多，为 2 017 人，占就业学生总数的 27.43%；其次是医药卫生类，就业人数为 1 714 人，占 23.31%；就业学生数最少的是司法服务类专业，就业人数为 19 人，占 0.26%。各专业大类毕业生就业情况见表 3-32-4。

表 3-32-4

专业类别	毕业生数/人	就业人数/人	就业率/%
加工制造类	2 017	2 017	100.00
医药卫生类	1 803	1 714	95.06
土木水利类	1 168	1 160	99.32
文化艺术类	366	366	100.00
旅游服务类	331	331	100.00
交通运输类	297	297	100.00
信息技术类	284	279	98.24
教育类	258	231	89.53
其他类	246	234	95.12
石油化工类	190	190	100.00
财经商贸类	185	185	100.00
农林牧渔类	173	173	100.00
轻纺食品类	80	75	93.75
公共管理与服务类	56	56	100.00
体育与健身类	27	27	100.00
司法服务类	19	19	100.00
资源环境类	0	0	0
能源与新能源类	0	0	0
休闲保健类	0	0	0
合计	7 500	7 354	98.05

大连市中等职业学校毕业生就业情况

2012 年，大连市中等职业学校毕业生总数为 15 642 人，就业学生数为 15 437 人，就业率为 98.69%。与 2011 年相比，毕业生数有较大减少，但就业率有所上升(见表 3-33-1)。

表 3-33-1

项目	2011 年	2012 年
毕业生数/人	24 416	15 642
就业人数/人	23 983	15 437
就业率/%	98.23	98.69

一、总体情况

(一) 就业去向

大连市 15 437 名就业学生中到各种所有制企、事业单位的有 10 160 人，占全部就业学生的 65.82%；合法从事个体经营的有 3 419 人，占 22.15%；升入高一级学校就读的有 1 858 人，占 12.03%。

(二) 产业分布

从事第一产业的毕业生数为 174 人，占全部就业学生的 1.13%；从事第二产业的为 4 576 人，占 29.64%；从事第三产业的为 10 687 人，占 69.23%。与 2011 年相比，从事第三产业人数的比例有明显提升（见表 3-33-2)。

表 3-33-2

项目	2011 年		2012 年	
	就业人数/人	占就业人数比例/%	就业人数/人	占就业人数比例/%
第一产业	261	1.09	174	1.13
第二产业	12 386	51.64	4 576	29.64
第三产业	11 336	47.27	10 687	69.23

（三）就业地域

就业地域分为本地、异地和境外。本地就业的毕业生数为 13 788 人，占全部就业学生的 89. 32%；异地就业的为 1 162 人，占 7. 53%；境外就业的为 487 人，占 3. 15%。与 2011 年相比，本地就业比例有所下降，异地、境外就业比例有所上升（见表 3-33-3）。

表 3-33-3

项目	2011 年		2012 年	
	就业人数/人	占就业人数比例/%	就业人数/人	占就业人数比例/%
本　地	22 220	92. 65	13 788	89. 32
异　地	1 699	7. 08	1 162	7. 53
境　外	64	0. 27	487	3. 15

（四）就业渠道

通过学校推荐就业的毕业生数为 13 956 人，占全部就业学生的 90. 41%；通过中介介绍就业的为 130 人，占 0. 84%；通过其他渠道就业的为 1 351 人，占 8. 75%。

与 2011 年相比，2012 年大连市中等职业学校毕业生就业呈现以下特点：

一是毕业生数有明显下降；进入企、事业单位仍然是中职学生主要就业方向，相对而言个体经营和升学人数均有所上升。2012 年毕业的学生比 2011 年减少8 774 人，减少了 35. 94%。2012 年进入企、事业单位比例占就业学生总数的 65. 82%，比 2011 年下降了 10. 50%；个体经营的比例比 2011 年上升了 5. 20%；升学人数的比例与 2011 年相比上升了 5. 30%。

二是就业于第三产业人数有明显上升，第二产业毕业生人数的比例大幅下降，第三产业仍是中职毕业生就业的主要领域。2012 年就业于第三产业的毕业生数及占当年毕业生总数的比例有所上升，相对于 2011 年增长 21. 96%；第二产业就业人数比例较 2011 年降低 22%。

三是本地为中职学生就业的主要地域。2012 年本地就业人员比例比 2011 年下降了 3. 33%，占就业人数的 89. 32%，而境外就业比例上升了 2. 88%。

二、各专业大类就业情况

根据《中等职业学校专业目录（2010 年修订）》确定的 19 个专业类别，各专业

大类的就业情况如下：

从专业分类看，就业情况最好的专业是加工制造类、信息技术类、交通运输类、旅游服务类、教育类、土木水利类、轻纺食品类、其他类、公共管理与服务类、体育与健身类、资源环境类、休闲保健类、石油化工类，就业率均为100%；医药卫生类的就业率处于平均水平以上；农林牧渔类就业率保持在79%以上。

从毕业生数看，加工制造类专业毕业生数最多，为3 780人，占毕业生总数的24.17%；其次是信息技术类，毕业生数为3 027人，占19.35%；2012年度司法服务类、能源与新能源类无毕业生；石油化工类毕业生数为10人，占毕业生总数的0.06%。

从就业学生数看，加工制造类专业毕业生就业人数最多，为3 780人，占就业学生总数的24.49%；其次是信息技术类，就业人数为3 027人，占19.61%；2012年度司法服务类、能源与新能源类无毕业生；石油化工类的就业人数为10人，占0.06%。各专业大类毕业生就业情况见表3-33-4。

表3-33-4

专业类别	毕业生数/人	就业人数/人	就业率/%
加工制造类	3 780	3 780	100.00
信息技术类	3 027	3 027	100.00
财经商贸类	2 341	2 208	94.32
交通运输类	1 811	1 811	100.00
旅游服务类	1 370	1 370	100.00
教育类	982	982	100.00
土木水利类	617	617	100.00
文化艺术类	562	539	95.91
医药卫生类	415	413	99.52
农林牧渔类	233	186	79.83
轻纺食品类	124	124	100.00
其他类	118	118	100.00
公共管理与服务类	91	91	100.00
体育与健身类	58	58	100.00
资源环境类	55	55	100.00
休闲保健类	48	48	100.00

续表

专业类别	毕业生数/人	就业人数/人	就业率/%
石油化工类	10	10	100.00
能源与新能源类	0	0	0
司法服务类	0	0	0
合计	15 642	15 437	98.69

青岛市中等职业学校毕业生就业情况

2012 年，青岛市中等职业学校毕业生总数为 35 950 人，就业学生数为 34 901 人，就业率为 97.08%。与 2011 年相比，毕业生数有明显减少，但就业率有所上升（见表 3-34-1）。

表 3-34-1

项目	2011 年	2012 年
毕业生数/人	50 040	35 950
就业人数/人	48 457	34 901
就业率/%	96.84	97.08

一、总体情况

（一）就业去向

青岛市 34 901 名就业学生中到各种所有制企、事业单位的有 27 106 人，占全部就业学生的 77.67%；合法从事个体经营的有 1 719 人，占 4.93%；升入高一级学校就读的有 6 076 人，占 17.40%。

（二）产业分布

从事第一产业的毕业生数为 634 人，占全部就业学生的 1.82%；从事第二产业的为 17 358 人，占 49.73%；从事第三产业的为 16 909 人，占 48.45%。与 2011 年相比，从事第三产业人数的比例均有明显提高（见表 3-34-2）。

表 3-34-2

项目	2011 年		2012 年	
	就业人数/人	占就业人数比例/%	就业人数/人	占就业人数比例/%
第一产业	302	0.62	634	1.82
第二产业	29 541	60.97	17 358	49.73
第三产业	18 614	38.41	16 909	48.45

（三）就业地域

就业地域分为本地、异地和境外。本地就业的毕业生数为 31 356 人，占全部就业学生的 89.84%；异地就业的为 3 405 人，占 9.76%；境外就业的为 140 人，占 0.40%。与 2011 年相比，本地就业比例有所上升，异地就业比例有所下降（见表 3-34-3）。

表 3-34-3

项目	2011 年		2012 年	
	就业人数/人	占就业人数比例/%	就业人数/人	占就业人数比例/%
本　地	41 568	85.79	31 356	89.84
异　地	6 795	14.02	3 405	9.76
境　外	94	0.19	140	0.40

（四）就业渠道

通过学校推荐就业的毕业生数为 30 918 人，占全部就业学生的 88.59%；通过中介介绍就业的为 504 人，占 1.44%；通过其他渠道就业的为 3 479 人，占 9.97%。

与 2011 年相比，2012 年青岛市中等职业学校毕业生就业呈现以下特点：

一是毕业生数有明显下降；进入企、事业单位仍然是中职学生主要就业方向，相对而言个体经营和升学人数均有所上升。2012 年毕业的学生比 2011 年减少 14 090人，减少了 28.16%。2012 年进入企、事业单位比例占就业学生总数的 77.67%，比 2011 年下降了 3.39%；个体经营的比例比 2011 年上升了 0.3%，升学人数的比例与 2011 年相比上升了 3.1%。

二是就业于第三产业人数有明显上升，第二产业毕业生数的比例呈下降趋势，第二产业与第三产业是中职毕业生就业的主要领域。2012 年就业于第三产业的毕业生比例相对于 2011 年增长 10.04%，第二产业就业人数比例较 2011 年降低 11.24%。

三是本地就业为中职学生就业的主要方向。2012 年本地就业毕业生比例比 2011 年上升了 4.06%，占就业人数的 89.84%，而异地就业比例下降了 4.26%。

二、各专业大类就业情况

根据《中等职业学校专业目录（2010 年修订）》确定的 19 个专业类别，各专业

大类的就业情况如下：

从专业分类看，就业情况最好的专业是加工制造类，就业率为 99.73%；其次是其他类，就业率为 97.22%；信息技术类、财经商贸类、农林牧渔类、轻纺食品类、交通运输类、土木水利类的就业率处于 95%以上；教育类就业率在 84%以上。

从毕业生数看，加工制造类专业毕业生数最多，为 16 432 人，占毕业生总数的 45.71%；其次是财经商贸类，毕业生数为 4 161 人，占 11.57%。资源环境类、司法服务类、能源与新能源类、休闲保健类、体育与健身类无毕业生；其他类毕业生数最少，为 252 人，占毕业生总数的 0.70%。

从就业学生数看，加工制造类专业毕业生就业人数最多，为 16 388 人，占就业学生总数的 46.96%；其次是财经商贸类，就业人数为 4 029 人，占 11.54%。资源环境类、司法服务类、能源与新能源类、休闲保健类、体育与健身类无毕业生；其他类就业人数最少，为 245 人，占 0.70%。各专业大类毕业生就业情况见表 3-34-4。

表 3-34-4

专业类别	毕业生数/人	就业人数/人	就业率/%
加工制造类	16 432	16 388	99.73
财经商贸类	4 161	4 029	96.83
交通运输类	3 684	3 555	96.50
信息技术类	3 577	3 470	97.01
旅游服务类	1 664	1 529	91.89
教育类	1 344	1 130	84.08
文化艺术类	1 172	1 079	92.06
医药卫生类	1 079	1 019	94.44
农林牧渔类	756	731	96.69
石油化工类	524	495	94.47
公共管理与服务类	465	424	91.18
轻纺食品类	423	409	96.69
土木水利类	417	398	95.44
其他类	252	245	97.22
资源环境类	0	0	0
能源与新能源类	0	0	0
休闲保健类	0	0	0
体育与健身类	0	0	0
司法服务类	0	0	0
合计	35 950	34 901	97.08

宁波市中等职业学校毕业生就业情况

2012 年，宁波市中等职业学校毕业生总数为 26 230 人，就业学生数为 25 909 人，就业率为 98.78%。与 2011 年相比，毕业生数略有减少，但就业率有所上升（见表 3-35-1）。

表 3-35-1

项目	2011 年	2012 年
毕业生数/人	26 553	26 230
就业人数/人	25 942	25 909
就业率/%	97.70	98.78

一、总体情况

（一）就业去向

宁波市 25 909 名就业学生中到各种所有制企、事业单位的有 14 340 人，占全部就业学生的 55.35%；合法从事个体经营的有 2 558 人，占 9.87%；升入高一级学校就读的有 9 011 人，占 34.78%。

（二）产业分布

从事第一产业的毕业生数为 615 人，占全部就业学生的 2.37%；从事第二产业的为 6 693 人，占 25.83%；从事第三产业的为 18 601 人，占 71.80%。与 2011 年相比，从事第二产业人数的比例略有下降（见表 3-35-2）。

表 3-35-2

项目	2011 年		2012 年	
	就业人数/人	占就业人数比例/%	就业人数/人	占就业人数比例/%
第一产业	272	1.05	615	2.37
第二产业	7 058	27.21	6 693	25.83
第三产业	18 612	71.74	18 601	71.80

（三）就业地域

就业地域分为本地、异地和境外。本地就业的毕业生数为 24 754 人，占全部就业学生的 95.54%；异地就业的为 1 141 人，占 4.40%；境外就业的为 14 人，占 0.06%。与 2011 年相比，本地就业比例有所上升，异地就业比例有所下降（见表 3-35-3）。

表 3-35-3

项目	2011 年		2012 年	
	就业人数/人	占就业人数比例/%	就业人数/人	占就业人数比例/%
本　地	23 742	91.52	24 754	95.54
异　地	2 103	8.11	1 141	4.40
境　外	97	0.37	14	0.06

（四）就业渠道

通过学校推荐就业的毕业生数为 18 079 人，占全部就业学生的 69.78%；通过中介介绍就业的为 602 人，占 2.32%；通过其他渠道就业的为 7 228 人，占 27.90%。

与 2011 年相比，2012 年宁波市中等职业学校毕业生就业呈现以下特点：

一是进入企、事业单位仍然是中职学生主要就业方向，相对而言个体经营比例有所下降。宁波自 2012 年开始推行中高职一体化人才培养，34.78%的中职学生升入了高职继续深造，升学比例比 2011 年有所上升。2012 年进入企、事业单位比例占就业学生总数的 55.35%，比 2011 年上升了 10.99%；个体经营的比例比 2011 年下降了 19.92%，升学人数的比例与 2011 年相比上升了 8.93%。

二是就业于各产业比例无明显变化，第三产业仍是中职学生就业的主要领域。2012 年就业于第三产业的毕业生数及占当年毕业生总数的比例略有上升，比 2011 年增长 0.05%，占就业人数比例的 71.79%，第二产业就业人数比例较 2011 年降低 1.38%。

三是本地为中职学生就业的主要选择地域。2012 年本地就业毕业生比例比 2011 年上升了 4.02%，占就业人数的 95.54%，而异地就业比例下降了 3.71%。

二、各专业大类就业情况

根据《中等职业学校专业目录（2010 年修订）》确定的 19 个专业类别，各专业

大类的就业情况如下：

从专业分类看，就业情况最好的专业是其他类，就业率为 124.81%；其次是医药卫生类、能源与新能源类、石油化工类、体育与健身类，就业率均为 100%；农林牧渔类、教育类、加工制造类的就业率处于平均水平以上；轻纺食品类等就业率在 92%以上。

从毕业生数看，财经商贸类专业毕业生数最多，为 7 741 人，占毕业生总数的 29.51%；其次是加工制造类，毕业生数为 6 027 人，占 22.98%。资源环境类、司法服务类、休闲保健类无毕业生；体育与健身类毕业生数为 12 人，占毕业生总数的 0.05%；石油化工类毕业生数为 15 人，占 0.06%。

从就业学生数看，财经商贸类专业毕业生就业人数最多，为 7 624 人，占就业学生总数的 29.43%；其次是加工制造类，就业人数为 5 989 人，占 23.12%。资源环境类、司法服务类、休闲保健类无毕业生；体育与健身类的就业人数为 12 人，占 0.05%；石油化工类的就业人数为 15 人，占 0.06%。各专业大类毕业生就业情况见表 3-35-4。

表 3-35-4

专业类别	毕业生数/人	就业人数/人	就业率/%
财经商贸类	7 741	7 624	98.49
加工制造类	6 027	5 989	99.37
信息技术类	2 277	2 185	95.96
旅游服务类	2 063	2 012	97.53
文化艺术类	1 448	1 382	95.44
教育类	1 334	1 327	99.48
交通运输类	1 238	1 210	97.74
土木水利类	1 019	957	93.92
其他类	778	971	124.81
公共管理与服务类	697	686	98.42
轻纺食品类	554	514	92.78
农林牧渔类	507	505	99.61
医药卫生类	488	488	100.00
能源与新能源类	32	32	100.00
石油化工类	15	15	100.00
体育与健身类	12	12	100.00

续表

专业类别	毕业生数/人	就业人数/人	就业率/%
资源环境类	0	0	0
休闲保健类	0	0	0
司法服务类	0	0	0
合计	26 230	25 909	98.78

厦门市中等职业学校毕业生就业情况

2012 年，厦门市中等职业学校毕业生总数为 8 314 人，就业学生数为 8 136 人，就业率为 97.86%。与 2011 年相比，毕业生数和就业率均有所下降（见表 3-36-1）。

表 3-36-1

项目	2011 年	2012 年
毕业生数/人	9 836	8 314
就业人数/人	9 675	8 136
就业率/%	98.40	97.86

一、总体情况

（一）就业去向

厦门市 8 136 名就业学生中到各种所有制企、事业单位的有 4 804 人，占全部就业学生的 59.05%；合法从事个体经营的有 1 951 人，占 23.98%；升入高一级学校就读的有 1 381 人，占 16.97%。

（二）产业分布

从事第一产业的毕业生数为 38 人，占全部就业学生的 0.47%；从事第二产业的为 3 221 人，占 39.59%；从事第三产业的为 4 877 人，占 59.94%。与 2011 年相比，从事第一产业和第三产业人数的比例均有所提高（见表 3-36-2）。

表 3-36-2

项目	2011 年		2012 年	
	就业人数/人	占就业人数比例/%	就业人数/人	占就业人数比例/%
第一产业	25	0.26	38	0.47
第二产业	4 056	41.92	3 221	39.59
第三产业	5 594	57.82	4 877	59.94

（三）就业地域

就业地域分为本地、异地和境外。本地就业的毕业生数为 6 340 人，占全部就业学生的 77.93%；异地就业的为 1 775 人，占 21.82%；境外就业的为 21 人，占 0.25%。与 2011 年相比，异地就业比例有所上升，本地就业比例有所下降（见表 3-36-3）。

表 3-36-3

项目	2011 年		2012 年	
	就业人数/人	占就业人数比例/%	就业人数/人	占就业人数比例/%
本　地	8 504	87.90	6 340	77.93
异　地	1 147	11.85	1 775	21.82
境　外	24	0.25	21	0.25

（四）就业渠道

通过学校推荐就业的毕业生数为 6 404 人，占全部就业学生的 78.71%；通过中介介绍就业的为 347 人，占 4.26%；通过其他渠道就业的为 1 385 人，占 17.03%。

与 2011 年相比，2012 年厦门市中等职业学校毕业生就业呈现以下特点：

一是毕业生数有所下降；进入企、事业单位仍然是中职学生主要就业方向；越来越多的中职学生毕业后选择了创业，个体经营的人数和比例较 2011 年有大幅度上升。2012 年毕业的学生比 2011 年减少了 1 522 人，下降了 15.47%。2012 年个体经营的比例占就业学生总数的 23.98%，比 2011 年上升了 21.41%。

二是就业于第二产业和第三产业人数有所下降，但第三产业仍然是中职毕业生就业的主要领域。2012 年就业于第三产业的人数占当年就业生总数的比例有所上升，相对于 2011 年上升了 2.12%；第二产业就业人数比例较 2011 年下降 2.33%。

三是本地就业的比例有所下降。2012 年本地就业毕业生比例比 2011 年下降了 9.97%，而异地就业比例上升了 9.96%。这说明中职学生的就业区域不断拓宽。

二、各专业大类就业情况

根据《中等职业学校专业目录（2010 年修订）》确定的 19 个专业类别，各专业大类的就业情况如下：

从专业分类看，就业情况最好的专业是医药卫生类，就业率达到 99.14%；其次是交通运输类，就业率为 99.05%；土木水利类、石油化工类、财经商贸类、加工制造类的就业率处于平均水平以上；轻纺食品类的就业率保持在 82%以上。

从毕业生数看，加工制造类专业毕业生数最多，为 1 689 人，占毕业生总数的 20.32%；其次是财经商贸类，毕业生数为 1 682 人，占 20.23%。农林牧渔类、能源与新能源类、休闲保健类、司法服务类、公共管理与服务类专业本年度没有毕业生。毕业生数最少的是其他类，毕业生数为 8 人，占 0.10%；其次是轻纺食品类，毕业生人数为 29 人，占 0.35%。

从就业学生数看，加工制造类专业毕业生就业人数最多，为 1 657 人，占就业学生总数的 20.37%；其次是财经商贸类，就业人数为 1 652 人，占 20.30%。毕业生就业人数最少的是轻纺食品类，就业人数为 24 人，占 0.30%。各专业大类毕业生就业情况见表 3-36-4。

表 3-36-4

专业类别	毕业生数/人	就业人数/人	就业率/%
加工制造类	1 689	1 657	98.11
财经商贸类	1 682	1 652	98.22
信息技术类	1 510	1 477	97.81
医药卫生类	1 052	1 043	99.14
旅游服务类	583	568	97.43
石油化工类	556	547	98.38
交通运输类	529	524	99.05
文化艺术类	297	287	96.63
资源环境类	125	119	95.20
教育类	93	88	94.62
体育与健身类	92	82	89.13
土木水利类	69	68	98.55
轻纺食品类	29	24	82.76
其他类	8	0	0
农林牧渔类	0	0	0
能源与新能源类	0	0	0
休闲保健类	0	0	0
司法服务类	0	0	0
公共管理与服务类	0	0	0
合计	8 314	8 136	97.86

深圳市中等职业学校毕业生就业情况

2012 年，深圳市中等职业学校毕业生总数为 13 614 人，就业学生数为 13 468 人，就业率为 98.93%。与 2011 年相比，毕业生数和就业率均有所上升（见表 3-37-1）。

表 3-37-1

项目	2011 年	2012 年
毕业生数/人	12 833	13 614
就业人数/人	12 350	13 468
就业率/%	96.24	98.93

一、总体情况

（一）就业去向

深圳市 13 468 名就业学生中到各种所有制企、事业单位的有 6 607 人，占全部就业学生的 49.06%；合法从事个体经营的有 1 979 人，占 14.69%；升入高一级学校就读的有 4 882 人，占 36.25%。

（二）产业分布

从事第一产业的毕业生数为 160 人，占全部就业学生的 1.19%；从事第二产业的为 1 109 人，占 8.23%；从事第三产业的为 12 199 人，占 90.58%。与 2011 年相比，从事第一产业和第三产业人数的比例均有所提高（见表 3-37-2）。

表 3-37-2

项目	2011 年		2012 年	
	就业人数/人	占就业人数比例/%	就业人数/人	占就业人数比例/%
第一产业	109	0.88	160	1.19
第二产业	2 009	16.27	1 109	8.23
第三产业	10 232	82.85	12 199	90.58

（三）就业地域

就业地域分为本地、异地和境外。本地就业的毕业生数为 12 383 人，占全部就业学生的 91.94%；异地就业的为 1 051 人，占 7.80%；境外就业的为 34 人，占 0.26%。与 2011 年相比，本地就业和境外就业比例有所上升，异地就业比例有所下降（见表 3-37-3）。

表 3-37-3

项目	2011 年		2012 年	
	就业人数/人	占就业人数比例/%	就业人数/人	占就业人数比例/%
本　地	11 263	91.20	12 383	91.94
异　地	1 059	8.57	1 051	7.80
境　外	28	0.23	34	0.26

（四）就业渠道

通过学校推荐就业的毕业生数为 10 663 人，占全部就业学生的 79.17%；通过中介介绍就业的为 429 人，占 3.19%；通过其他渠道就业的为 2 376 人，占 17.64%。

与 2011 年相比，2012 年深圳市中等职业学校毕业生就业呈现以下特点：

一是毕业生数有所上升；进入企、事业单位仍然是中职学生主要就业方向，相对而言个体经营人数有所上升。2012 年毕业的学生比 2011 年增加 781 人，增加了 6.09%。2012 年个体经营的比例占就业学生总数的 14.69%，比 2011 年上升了 9.75%。2012 年，36.25%的学生升入高一级学校就读，比 2011 年增加了 6.26%，说明深圳的中高职衔接规模进一步扩大。

二是就业于第二产业人数有所下降；第三产业就业的毕业生数及比例呈增长趋势，说明第三产业是中职毕业生就业的主要领域。2012 年就业于第三产业的中职学生占当年就业学生总数的比例相对于 2011 年增长 7.73%，第二产业就业人数比例较 2011 年下降了 8.04%。

三是本地就业的比例有所增长。2012 年本地就业毕业生比例比 2011 年增长了 0.74%，而异地就业比例降低了 0.77%。这说明中职学生的就业较好地配合了区域经济的发展。

二、各专业大类就业情况

根据《中等职业学校专业目录（2010 年修订）》确定的 19 个专业类别，各专业大类的就业情况如下：

从专业分类看，就业情况最好的专业是土木水利类、石油化工类、轻纺食品类、医药卫生类和体育与健身类，就业率达到 100%；其次是旅游服务类，就业率为 99.52%；加工制造类、交通运输类、财经商贸类、教育类、信息技术类的就业率处于平均水平以上；文化艺术类就业率保持在 97%以上。

从毕业生数看，信息技术类专业毕业生数最多，为 3 986 人，占毕业生总数的 29.28%；其次是财经商贸类，毕业生数为 3 679 人，占 27.02%；农林牧渔类、资源环境类、能源与新能源类、休闲保健类、司法服务类本年度没有毕业生。毕业生数最少的是土木水利类，毕业生数为 35 人，占 0.26%；其次是石油化工类，毕业生数为 37 人，占 0.27%。

从就业学生数看，信息技术类专业毕业生就业人数最多，为 3 945 人，占就业学生总数的 29.29%；其次是财经商贸类，就业人数为 3 646 人，占 27.07%。毕业生就业人数最少的是土木水利类，就业人数为 35 人，占 0.26%，其次是石油化工类，就业人数为 37 人，占 0.27%。各专业大类毕业生就业情况见表 3-37-4。

表 3-37-4

专业类别	毕业生数/人	就业人数/人	就业率/%
信息技术类	3 986	3 945	98.97
财经商贸类	3 679	3 646	99.10
交通运输类	1 498	1 487	99.27
文化艺术类	1 149	1 119	97.39
加工制造类	1 134	1 126	99.29
其他类	852	839	98.47
公共管理与服务类	336	330	98.21
教育类	314	311	99.04
旅游服务类	209	208	99.52
医药卫生类	168	168	100.00
轻纺食品类	167	167	100.00
体育与健身类	50	50	100.00
石油化工类	37	37	100.00

续表

专业类别	毕业生数/人	就业人数/人	就业率/%
土木水利类	35	35	100.00
农林牧渔类	0	0	0
资源环境类	0	0	0
能源与新能源类	0	0	0
休闲保健类	0	0	0
司法服务类	0	0	0
合计	13 614	13 468	98.93

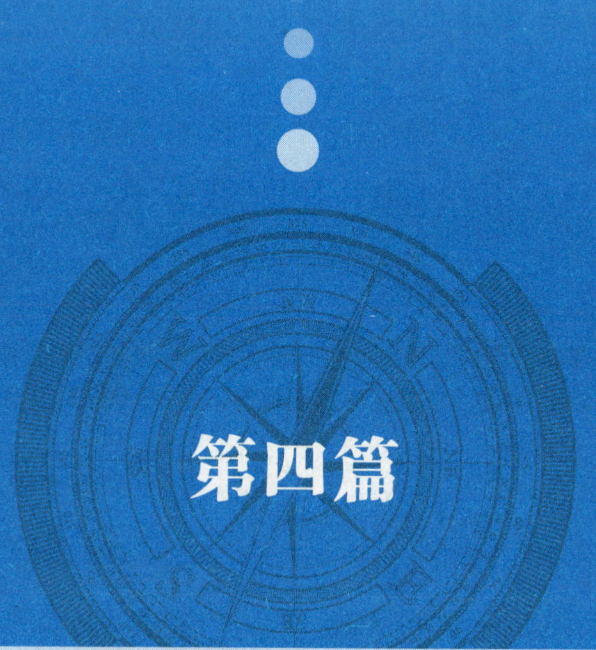

第四篇

2006—2011 年
全国中等职业学校毕业生就业情况

2006—2011 年全国中等职业学校就业综合分析

2006—2011 年，全国中等职业学校（不含技工学校，下同）毕业生平均就业率一直保持在 95%以上，2011 年就业率达到最高，为 96.69%（见图 4-1-1）。

图 4-1-1　2006—2011 年全国中等职业学校毕业生平均就业率

2006—2011 年，全国中等职业学校毕业生人数和就业学生人数均呈现逐年增高趋势。毕业生人数由 2006 年的 364.25 万人上升到 2011 年的 543.75 万人，增加了 179.50 万人。就业人数也相应不断增加（见图 4-1-2）。

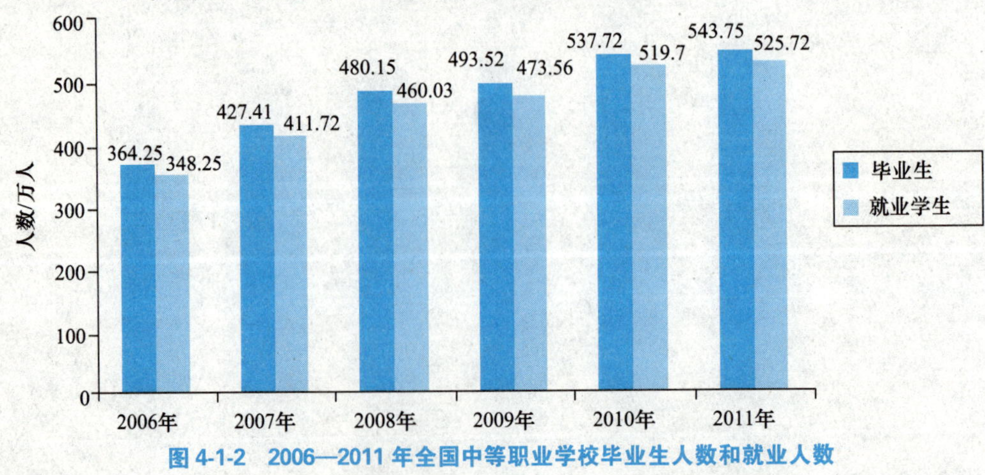

图 4-1-2　2006—2011 年全国中等职业学校毕业生人数和就业人数

一、就业去向

从就业去向来看，就业于各种所有制企、事业单位的毕业生人数逐年增加，中等职业学校毕业生就业去向主要是各种所有制企、事业单位，所占比例也一直较高，2008 年达到 79.38%。合法从事个体经营的毕业生人数持续增加，2008 年增幅有所回落，之后呈增长趋势。升入高一级学校的毕业生数从 2008 年开始逐渐增多，占当年毕业生总数的比例在 10%左右（见图 4-1-3）。

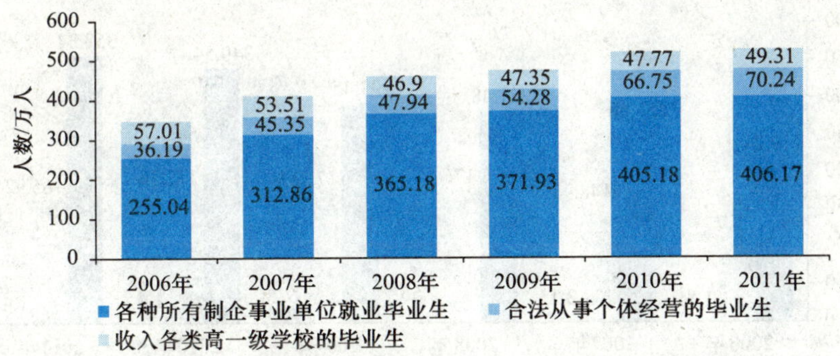

图 4-1-3 2006—2011 年全国中等职业学校毕业生就业去向情况

二、产业分布

从就业产业分布来看，中等职业学校毕业生就业主要集中于第二、三产业，第三产业尤为多。从 2009 年开始，第三产业的就业人数逐年回升，第二、第三产业就业人数比例差距逐年加大。第一产业毕业生就业比例持续走低，就业人数较少。2011 年，第一、第三产业就业人数和占当年毕业生总数比例都有所回升，第二产业毕业生就业人数及比例比 2010 年略有回落（见图 4-1-4）。

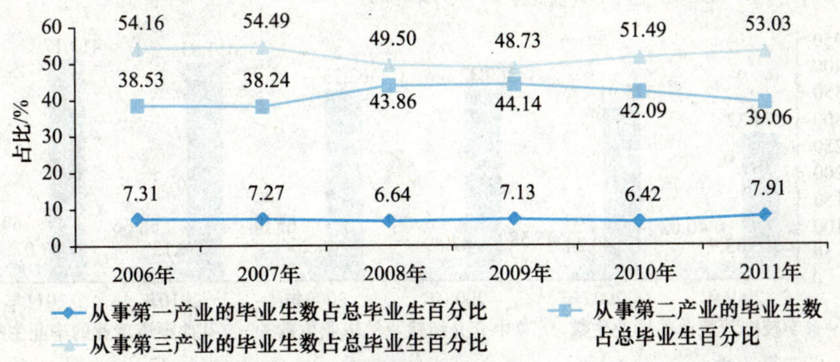

图 4-1-4 2006—2011 年全国中等职业学校毕业生就业产业分布情况

三、就业地域

从就业地域来看，多数学生毕业后都在本省（区、市）工作。从 2008 年开始，本省（区、市）就业的毕业生占当年毕业生总数比例出现上升趋势，同时，异地就业学生比例呈现下降趋势。境外就业学生人数及就业比例于 2009 年达到最高，但总体上看，选择境外就业的学生一直相对较少。相对来说，中等职业学校毕业生就业地域的选择趋势比较稳定（见图 4-1-5）。

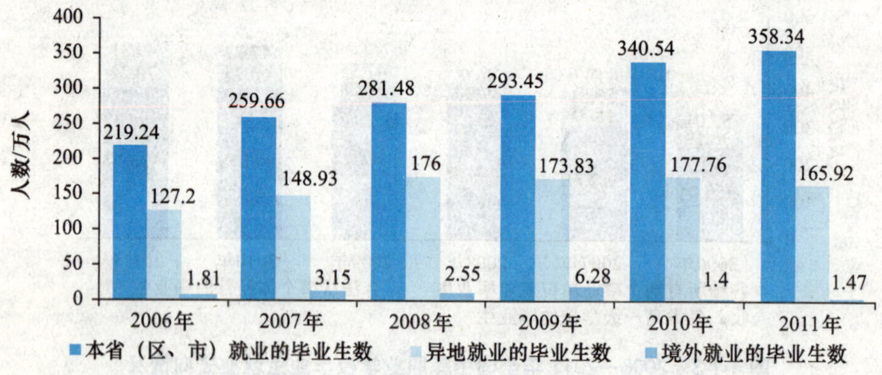

图 4-1-5　2006—2011 年全国中等职业学校毕业生就业地域分布情况

四、就业渠道

从渠道来看，学校推荐是中等职业学校毕业生实现就业的主要渠道。学校在学生就业中一直发挥着重要作用，通过学校推荐就业的学生人数逐年增长。通过中介介绍就业的学生人数从 2009 年开始下降，而通过其他渠道就业的学生人数在逐年增长，2011 年达到 69. 49 万人（见图 4-1-6）。

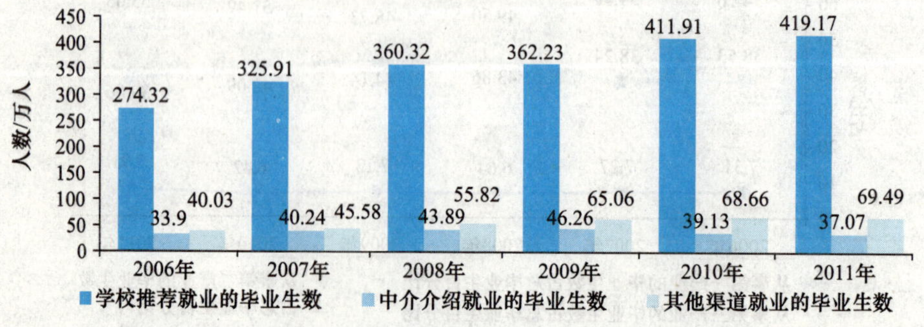

图 4-1-6　2006—2011 年全国中等职业学校毕业生就业渠道

2011年中等职业学校毕业生就业情况

2011年，全国中等职业学校毕业生数为662.67万人，就业人数为640.9万人，平均就业率为96.71%。其中，普通中专、职业高中、成人中专三类中等职业学校毕业生数为543.75万人，就业学生数为525.72万人，就业率为96.69%；技工学校毕业生数为118.92万人，就业学生数为115.18万人，就业率为96.9%。（以下统计数据不含技工学校）

一、总体情况

就业去向情况：到各种所有制企、事业单位就业的毕业生数为406.17万人，占就业学生数的77.26%；合法从事个体经营的毕业生数为70.24万人，占就业学生数的13.36%；升入各类高一级学校的毕业生数为49.31万人，占就业学生数的9.38%。

各产业就业分布情况：从事第一产业的毕业生数为41.59万人，占就业学生数的7.91%；从事第二产业的毕业生数为205.34万人，占就业学生数的39.06%；从事第三产业的毕业生数为278.79万人，占就业学生数的53.03%。

本地、异地和境外就业情况：在本省就业的毕业生数为358.33万人，占就业学生数的68.16%；到异地就业的毕业生数为165.92万人，占就业学生数的31.56%；到境外就业的毕业生数为1.47万人，占就业人数的0.28%。

就业渠道情况：通过学校推荐就业的毕业生数为419.16万人，占就业学生数的79.73%；通过中介介绍就业的毕业生数为37.07万人，占就业学生数的7.05%；通过其他渠道就业的毕业生数为69.49万人，占就业学生数的13.22%。

二、专业大类就业情况

根据《中等职业学校专业目录（2010年修订）》划分的19个专业类别标准，中等职业学校毕业生在19个专业大类的就业情况见表4-2-1。

表 4-2-1

专业类别	毕业生数/人	就业人数/人	就业率/%
加工制造类	1 361 427	1 331 452	97.80
交通运输类	283 740	275 535	97.11
旅游服务类	248 874	241 585	97.07
信息技术类	1 080 479	1 046 298	96.84
财经商贸类	529 136	511 798	96.72
医药卫生类	432 162	416 903	96.47
土木水利类	162 615	156 467	96.22
教育类	168 401	161 934	96.16
其他类	196 029	188 318	96.07
休闲保健类	24 112	23 144	95.99
能源与新能源类	70 706	67 675	95.71
农林牧渔类	321 283	306 812	95.50
资源环境类	81 434	77 601	95.29
公共管理与服务类	82 755	78 619	95.00
轻纺食品类	99 976	94 755	94.78
文化艺术类	162 799	154 199	94.72
司法服务类	24 398	23 072	94.57
石油化工类	75 083	70 869	94.39
体育与健身类	32 068	30 209	94.20

从专业分类看，就业情况最好的专业是加工制造类，就业率高达97.80%；其次是交通运输类，就业率为97.11%；旅游服务类、信息技术类和财经商贸类的就业率处于平均水平以上；医药卫生类、土木水利类、教育类的就业率达到了96%以上；其他专业就业率在94%以上。

从毕业生数量看，加工制造类专业毕业生人数最多，为136.14万人，占毕业生总数的25.04%；其次是信息技术类，毕业生数为108.05万人，占毕业生总数的19.87%。毕业生数最少的是休闲保健类专业，为2.41万人，占毕业生总数的0.44%。

从就业学生数量看，加工制造类专业毕业生就业人数最多，为133.15万人，占就业学生总数的25.33%；其次是信息技术类，毕业生就业人数为104.63万人，占就业学生总数的 19.90%。就业人数最少的是休闲保健类专业毕业生，为 2.31 万人，占就业学生总数的 0.44%。

三、各地毕业生就业情况

从各地情况看，重庆、厦门、江苏、大连、安徽等地毕业生就业率在 98% 以上。其中，重庆市毕业生就业率为 98.50%，厦门市毕业生就业率为 98.40%，江苏省毕业生就业率为 98.36%，大连市毕业生就业率为 98.23%，安徽省毕业生就业率为 98.02%。除以上五地外，高于全国平均水平的省（区、市）还有 14 个。其中，上海、广东、河南、宁波、浙江、天津、福建、新疆生产建设兵团、广西、湖北等 10 地毕业生就业率在 97% 以上。湖南、青岛、四川、海南等地毕业生就业率在 96.77% 以上。辽宁、青海、宁夏、吉林、云南、深圳、山东、河北等地的毕业生就业率在 96% 以上。江西、甘肃、陕西、贵州、山西、北京等地的毕业生就业率在 95% 以上。内蒙古、西藏、黑龙江等地毕业生就业率在 90% 以上，但与全国平均水平有一定差距。新疆毕业生就业率在 90% 以下，与全国平均水平差距较大。

2011 年各省（区、市）中等职业学校毕业生就业情况见表 4-2-2。

表 4-2-2

地方	毕业生数/人	就业人数/人	就业率/%
重庆	165 367	162 886	98.50
厦门	9 836	9 675	98.40
江苏	222 471	218 820	98.36
大连	24 416	23 983	98.23
安徽	241 350	236 564	98.02
上海	44 529	43 617	97.95
广东	342 781	335 728	97.94
河南	642 580	628 860	97.86
宁波	26 553	25 942	97.70
浙江	195 155	190 216	97.50
天津	30 440	29 649	97.40
福建	159 431	155 170	97.33
新疆生产建设兵团	11 787	11 465	97.27
广西	144 331	140 234	97.16

续表

地方	毕业生数/人	就业人数/人	就业率/%
湖北	307 701	298 470	97.00
湖南	208 926	202 485	96.92
青岛	50 040	48 457	96.84
四川	276 595	267 840	96.83
海南	32 189	31 145	96.77
辽宁	112 918	108 988	96.52
青海	21 620	20 863	96.50
宁夏	37 540	36 200	96.43
吉林	64 091	61 777	96.40
云南	129 480	124 806	96.39
深圳	12 833	12 350	96.24
山东	545 389	524 245	96.12
河北	401 830	385 636	96.00
江西	127 282	121 946	95.81
甘肃	104 120	99 643	95.70
陕西	146 141	139 671	95.57
贵州	79 827	76 138	95.38
山西	234 310	223 335	95.32
北京	51 325	48 758	95.00
内蒙古	91 335	85 307	93.40
西藏	7 751	7 223	93.19
黑龙江	68 197	61 814	90.64
新疆	65 010	57 339	88.20

2010 年中等职业学校毕业生就业情况

2010 年，全国中等职业学校毕业生数为 537.72 万人，就业学生数为 519.70 万人，就业率为 96.65%（不含技工学校）。

一、总体情况

就业去向情况：到各种所有制企、事业单位就业的毕业生数为 405.18 万人，占就业学生数的 77.97%；合法从事个体经营的毕业生数为 66.75 万人，占就业学生数的 12.84%；升入各类高一级学校的毕业生数为 47.77 万人，占就业学生数的 9.19%。

各产业就业分布情况：从事第一产业的毕业生数为 33.37 万人，占就业学生数的 6.42%；从事第二产业的毕业生数为 218.76 万人，占就业学生数的 42.09%；从事第三产业的毕业生数为 267.57 万人，占就业学生数的 51.49%。

本地、异地和境外就业情况：在本省就业的毕业生数为 340.54 万人，占就业学生数的 65.53%；到异地就业的毕业生数为 177.76 万人，占就业学生数的 34.20%；到境外就业的毕业生数为 1.40 万人，占就业学生数的 0.27%。

就业渠道情况：通过学校推荐就业的毕业生数为 411.91 万人，占就业学生数的 79.26%；通过中介介绍就业的毕业生数为 39.13 万人，占就业学生数的 7.53%；通过其他渠道就业的毕业生数为 68.66 万人，占就业学生数的 13.21%。

二、专业大类就业情况

根据《中等职业学校专业目录（2010 年修订）》划分的 19 个专业类别标准，中等职业学校毕业生在 19 个专业大类的就业情况见表 4-3-1。

表 4-3-1

专业类别	毕业生数/人	就业人数/人	就业率/%
交通运输类	264 119	261 982	99.19
加工制造类	1 449 547	1 417 913	97.82

续表

专业类别	毕业生数/人	就业人数/人	就业率/%
信息技术类	1 125 332	1 095 796	97.38
财经商贸类	539 804	521 909	96.68
旅游服务类	254 515	245 633	96.51
石油化工类	60 083	57 937	96.43
轻纺食品类	98 585	95 021	96.38
能源与新能源类	62 142	59 484	95.72
土木水利类	136 891	130 672	95.46
医药卫生类	431 196	410 695	95.25
农林牧渔类	222 147	211 334	95.13
其他类	182 448	173 358	95.02
资源环境类	50 603	47 999	94.85
公共管理与服务类	99 025	93 220	94.14
教育类	152 768	143 551	93.97
文化艺术类	175 872	164 484	93.52
休闲保健类	20 084	18 781	93.51
司法服务类	23 386	21 424	91.61
体育与健身类	28 603	25 812	90.24

从专业分类看，就业情况最好的专业是交通运输类，就业率高达 99.19%；其次是加工制造类，就业率为 97.82%；信息技术类、财经商贸类处于就业率的平均水平以上；旅游服务类、石油化工类、轻纺食品类就业率达到了 96%以上；其他专业就业率在 90%以上。

从毕业生数量看，加工制造类专业毕业生人数最多，为 144.95 万人，占毕业生总数的 26.96%；其次是信息技术类，毕业生数为 112.53 万人，占毕业生总数的 20.93%。毕业生数最少的是休闲保健类专业，为 2.01 万人，占毕业生总数的 0.37%。

从就业学生数量看，加工制造类专业毕业生就业人数最多，为 141.79 万人，占就业学生总数的27.28%；其次是信息技术类，毕业生就业人数为109.58万人，占就业学生总数的21.09%。休闲保健类专业毕业生就业人数最少，为1.88万人，占就业学生总数的0.36%。

三、各地毕业生就业情况

从各地情况看，深圳、广东、宁波、江苏四地毕业生就业率在98%以上。其中，深圳毕业生就业率为98.52%，广东毕业生就业率为98.33%，宁波毕业生就业率为98.17%，江苏毕业生就业率为98.09%。

高于全国平均水平的共14个。其中，新疆生产建设兵团、大连、厦门、河南、安徽、上海、湖南、天津、四川、福建、江西、浙江、青岛等地毕业生就业率在97%以上，湖北毕业生就业率为96.70%。

青海、陕西、北京、云南、广西、重庆、辽宁、山东、河北、贵州等地的毕业生就业率在96%以上。海南、吉林、甘肃等地的毕业生就业率在95%以上。

宁夏、山西、内蒙古、黑龙江等地毕业生就业率在90%以上，但与全国平均水平有一定差距。西藏、新疆毕业生就业率在90%以下，与全国平均水平差距较大。

2010年各省（区、市）中等职业学校毕业生就业情况见表4-3-2。

表4-3-2

地方	毕业生数/人	就业人数/人	就业率/%
深圳	10 880	10 719	98.52
广东	329 900	324 400	98.33
宁波	24 219	23 775	98.17
江苏	281 831	276 448	98.09
新疆生产建设兵团	13 002	12 731	97.92
大连	25 704	25 151	97.85
厦门	9 946	9 717	97.70
河南	635 160	619 281	97.50
安徽	252 669	246 219	97.45
上海	46 674	45 479	97.44
湖南	250 136	243 463	97.33
天津	41 674	40 562	97.33
四川	260 964	253 873	97.28

续表

地方	毕业生数/人	就业人数/人	就业率/%
福建	180 434	175 201	97.10
江西	210 746	204 483	97.03
浙江	163 411	158 531	97.01
青岛	68 402	66 350	97.00
湖北	335 776	324 695	96.70
陕西	131 122	126 596	96.55
青海	29 999	28 964	96.55
北京	43 612	42 022	96.35
云南	128 504	123 693	96.26
重庆	158 926	152 887	96.20
广西	148 165	142 535	96.20
辽宁	112 427	108 149	96.19
山东	565 837	544 046	96.15
河北	197 174	189 536	96.13
贵州	77 985	74 943	96.10
海南	29 479	28 229	95.76
吉林	72 983	69 373	95.05
甘肃	90 947	86 399	95.00
宁夏	37 860	35 965	94.99
山西	181 814	172 359	94.80
内蒙古	69 640	65 923	94.66
黑龙江	104 493	96 133	92.00
西藏	7 552	6 770	89.65
新疆	47 103	41 405	87.90

2009 年中等职业学校毕业生就业情况

2009 年，全国中等职业学校毕业生数为 608.68 万人，就业学生数为 584.27 万人，平均就业率为 95.99%，与 2008 年相比略有上升。

其中，普通中专、职业高中、成人中专三类中等职业学校毕业生数为 493.52 万人，就业学生数为 473.56 万人，就业率为 95.96%；技工学校毕业生数为 115.16 万人，就业学生数为 110.71 万人，就业率为 96.10%。（以下统计数据不含技工学校。）

一、总体情况

就业去向情况：到各种所有制企、事业单位就业的毕业生数为 371.93 万人，占就业学生数的 78.54%；合法从事个体经营的毕业生数为 54.28 万人，占就业学生数的 11.46%；升入各类高一级学校的毕业生数为 47.35 万人，占就业学生数的 10.00%。

各产业就业分布情况：从事第一产业的毕业生数为 33.73 万人，占就业学生数的 7.12%；从事第二产业的毕业生数为 209.05 万人，占就业学生数的 44.14%；从事第三产业的毕业生数为 230.78 万人，占就业学生数的 48.74%。

本地、异地和境外就业情况：在本省就业的毕业生数为 293.45 万人，占就业学生数的 61.96%；到异地就业的毕业生数为 173.83 万人，占就业学生数的 36.71%；到境外就业的毕业生数为 6.28 万人，占就业学生数的 1.33%。

就业渠道情况：通过学校推荐就业的毕业生数为 362.24 万人，占就业学生数的 76.49%；通过中介介绍就业的毕业生数为 46.26 万人，占就业学生数的 9.77%；通过其他渠道就业的毕业生数为 65.06 万人，占就业学生数的 13.74%。

二、专业大类就业情况

根据专业类别划分标准，中等职业学校毕业生在 13 个专业大类的就业情况见表 4-4-1。

表 4-4-1

专业类别	毕业生数/人	就业人数/人	就业率/%
加工制造类	1 360 442	1 332 478	97.94
信息技术类	1 053 037	1 016 949	96.57
土木水利工程类	149 195	143 877	96.44
商贸与旅游类	420 212	405 217	96.43
交通运输类	231 067	221 352	95.80
财经类	333 091	317 852	95.42
能源类	84 036	79 822	94.99
医药卫生类	386 886	365 427	94.45
资源与环境类	42 355	39 701	93.73
农林类	202 659	189 800	93.65
文化艺术与体育类	216 282	202 527	93.64
社会公共事务类	110 130	103 057	93.58
其他类	345 759	317 568	91.85

从专业分类看，就业情况最好的专业是加工制造类，就业率高达 97.94%；其次是信息技术类，就业率为 96.57%；土木水利工程类和商贸与旅游类就业率达到了 96%以上，处于就业率的平均水平以上；其他专业就业率低于中等职业学校毕业生就业率的平均水平，但均高于 90%。

从毕业生数量看，加工制造类专业毕业生人数最多，为 136.04 万人，占毕业生总数的 27.57%；其次是信息技术类，毕业生数为 105.30 万人，占毕业生总数的 21.34%。毕业生数最少的是资源与环境类专业，为 4.24 万人，占毕业生总数的 0.86%。

从就业学生数量看，加工制造类专业毕业生就业人数最多，为 133.25 万人，占就业学生总数的 28.14%；其次是信息技术类，毕业生就业人数为 101.69 万人，占就业学生总数的 21.47%。最少的是资源与环境类专业，毕业生就业人数为 3.97 万人，占就业学生总数的 0.84%。

三、各地毕业生就业情况

从各地情况看，宁波、深圳两地毕业生就业率在 98%以上。其中，宁波毕业生就业率为 98.21%，深圳毕业生就业率为 98.00%。

河南、广东、新疆生产建设兵团、江苏、安徽、重庆、厦门、浙江、湖南、辽宁、天津、四川、福建、广西、江西、大连、山东、湖北、青岛等地毕业生就业率在 96% 以上，高于全国平均水平。

上海、海南、吉林、青海、陕西、河北等地的毕业生就业率在 95% 以上，接近全国平均水平。

宁夏、北京、甘肃、贵州、云南、西藏、山西、黑龙江、内蒙古等地毕业生就业率在 90% 以上，但与全国平均水平相比差距较大。新疆毕业生就业率为 84.00%。

2009 年各省（区、市）中等职业学校毕业生就业情况见表 4-4-2。

表 4-4-2

地方	毕业生数/人	就业人数/人	就业率/%
宁波	26 832	26 353	98.21
深圳	11 693	11 457	98.00
河南	509 780	498 565	97.80
广东	265 957	259 743	97.66
新疆生产建设兵团	10 248	9 969	97.28
江苏	316 500	307 679	97.21
安徽	188 766	183 434	97.18
重庆	165 081	160 293	97.10
厦门	13 020	12 623	96.95
浙江	163 451	158 331	96.90
湖南	259 191	250 632	96.70
辽宁	102 528	99 085	96.64
天津	49 848	48 165	96.60
四川	245 912	237 439	96.55
福建	151 298	145 747	96.33
广西	141 742	136 507	96.30
江西	150 650	144 968	96.23
大连	19 577	18 831	96.20
山东	427 591	411 300	96.19
湖北	307 813	295 500	96.00
青岛	65 283	62 670	96.00

续表

地方	毕业生数/人	就业人数/人	就业率/%
上海	50 474	48 434	95.96
海南	21 272	20 371	95.80
吉林	56 733	54 268	95.65
青海	12 653	12 079	95.50
陕西	124 440	118 722	95.41
河北	278 733	266 056	95.40
宁夏	35 367	33 281	94.20
北京	54 370	51 122	94.00
甘肃	83 651	78 907	94.00
贵州	82 559	77 230	93.55
云南	114 789	106 985	93.20
西藏	4 191	3 897	92.98
山西	165 927	153 317	92.40
黑龙江	120 734	111 075	92.00
内蒙古	77 083	70 685	91.70
新疆	59 414	49 907	84.00

2008 年中等职业学校毕业生就业情况

2008 年，全国中等职业学校毕业生数为 589.15 万人，就业学生数为 564.24 万人，平均就业率为 95.77%。其中，中等专业学校、职业高中、成人中等专业学校三类中等职业学校毕业生数为 480.15 万人，就业学生数为 460.02 万人，平均就业率为 95.81%；技工学校毕业生数为 109.00 万人，就业学生数为 104.21 万人，平均就业率为 95.61%。(以下统计数据不含技工学校。)

2008 年，全国中等职业学校毕业生平均就业率仍保持在 95%以上，与 2007 年相比略有下降。

一、总体情况

就业去向情况：到各种所有制企、事业单位就业的毕业生数为 365.18 万人，占就业学生数的 79.39%；合法从事个体经营的毕业生数为 47.94 万人，占就业学生数的 10.42%；升入各类高一级学校的毕业生数为 46.90 万人，占就业学生数的 10.19%。

各产业就业分布情况：从事第一产业的毕业生数为 30.56 万人，占就业学生数的 6.64%；从事第二产业的毕业生数为 201.75 万人，占就业学生数的 43.86%；从事第三产业的毕业生数为 227.71 万人，占就业学生数的 49.50%。

本地、异地和境外就业情况：在本省就业的毕业生数为 281.47 万人，占就业学生数的 61.19%；到异地就业的毕业生数为 176.00 万人，占就业学生数的 38.26%；到境外就业的毕业生数为 2.55 万人，占就业学生数的 0.55%。

就业渠道情况：通过学校推荐就业的毕业生数为 360.31 万人，占就业学生数的 78.33%；通过中介介绍就业的毕业生数为 43.89 万人，占就业学生数的 9.54%；通过其他渠道就业的毕业生数为 55.82 万人，占就业学生数的 12.13%。

二、专业类就业情况

根据专业类别划分标准，中等职业学校学生在农林、资源与环境等 13 个专业大类的就业情况见表 4-5-1。

表 4-5-1

专业类别	毕业生数/人	就业人数/人	就业率/%
加工制造类	1 318 625	1 286 407	97.56
信息技术类	1 068 892	1 031 966	96.55
商贸与旅游类	433 735	418 136	96.40
土木水利工程类	133 460	127 858	95.80
其他类	347 310	329 926	94.99
医药卫生类	334 878	316 993	94.66
财经类	334 883	316 233	94.43
资源与环境类	33 571	31 688	94.39
社会公共事务	121 651	114 772	94.35
交通运输类	188 281	177 410	94.23
能源类	66 502	62 382	93.80
农林类	197 846	183 679	92.84
文化艺术与体育类	221 866	202 850	91.43

从专业分类看，就业情况最好的专业是加工制造类，就业率高达 97.56%；其次是信息技术类，就业率为 96.55%；商贸与旅游类和土木水利工程类就业率达到了 95%以上，处于就业率的平均水平；其他专业就业率低于中等职业学校毕业生就业率的平均水平，但高于 90%。

从毕业生数量看，加工制造类专业毕业生数量最多，为 131.86 万人，占毕业生总数的 27.46%；其次是信息技术类，毕业生数为 106.89 万人，占毕业生总数的 22.26%。最少的是资源与环境类专业，毕业生数为 3.36 万人，占毕业生总数的 0.70%。

三、各地毕业生就业情况

从各地情况看，宁波、新疆生产建设兵团、大连、青海、厦门等地毕业生就业率在 98%以上，其中宁波的就业率最高，为 98.54%。

新疆、辽宁、广东、河南、重庆、四川、浙江、江苏、安徽、江西、湖南、广西、福建、上海、湖北、青岛、天津等地毕业生就业率在 95.81%以上，高于全国平均水平。

深圳、甘肃两地的毕业生就业率在 95%以上，接近全国平均水平。

其余地区就业率均在 90%以上，但低于全国平均水平。

2008 年各省（区、市）中等职业学校毕业生就业情况见表 4-5-2。

表 4-5-2

地方	毕业生数/人	就业人数/人	就业率/%
宁波	29 419	28 989	98. 54
新疆生产建设兵团	6 448	6 346	98. 42
青海	13 798	13 536	98. 10
大连	29 715	29 151	98. 10
厦门	8 192	8 035	98. 08
辽宁	129 605	126 641	97. 71
广东	245 300	239 400	97. 59
河南	452 430	441 120	97. 50
重庆	107 392	104 387	97. 20
四川	217 742	211 575	97. 17
浙江	216 868	210 398	97. 02
新疆	28 552	27 695	97. 00
江苏	259 825	251 085	96. 64
安徽	181 922	175 568	96. 51
江西	170 967	164 812	96. 40
湖南	296 172	285 286	96. 32
广西	141 554	136 155	96. 19
福建	160 142	154 014	96. 17
上海	57 632	55 411	96. 15
湖北	264 826	254 498	96. 10
青岛	55 630	53 404	96. 00
天津	46 120	44 212	95. 86
深圳	9 763	9 306	95. 32
甘肃	92 211	87 601	95. 00
海南	14 492	13 754	94. 91
河北	281 806	267 259	94. 84

续表

地方	毕业生数/人	就业人数/人	就业率/%
陕西	102 972	97 594	94. 78
云南	88 622	83 957	94. 74
吉林	68 993	65 231	94. 55
山东	526 785	495 117	93. 99
贵州	86 459	81 189	93. 90
山西	148 896	139 664	93. 80
宁夏	29 766	27 622	92. 80
内蒙古	75 082	69 226	92. 20
西藏	2 364	2 175	92. 01
黑龙江	110 178	100 262	91. 00
北京	42 881	38 593	90. 00

2007年中等职业学校毕业生就业情况

2007年，全国中等职业学校毕业生数（不含技工学校毕业生）为427.41万人，就业学生数为411.73万人，就业率为96.33%。

一、总体情况

就业去向情况：到各种所有制企、事业单位就业的毕业生为312.86万人，占就业学生数的75.99%；合法从事个体经营的毕业生为45.35万人，占就业学生数的11.01%；升入各类高一级学校的毕业生为53.51万人，占就业学生数的13%。

各产业就业分布情况：从事第一产业的毕业生数为29.93万人，占就业学生数的7.27%；从事第二产业的毕业生数为157.44万人，占就业学生数的38.24%；从事第三产业的毕业生数为224.36万人，占就业学生数的54.49%。

本地、异地和境外就业情况：在本省就业的毕业生数为259.65万人，占就业学生数的63.06%；到异地就业的毕业生数为148.93万人，占就业学生数的36.17%；到境外就业的毕业生数为3.15万人，占就业学生数的0.77%。

就业渠道情况：通过学校推荐就业的毕业生数为325.91万人，占就业学生数的79.16%；通过中介介绍就业的毕业生为40.24万人，占就业学生数的9.77%；通过其他渠道就业的毕业生数为45.58万人，占就业学生数的11.07%。

二、专业类就业情况

根据专业类别划分标准，中等职业学校学生在农林、资源与环境等13个专业大类的就业情况见表4-6-1。

表4-6-1

专业类别	毕业生数/人	就业人数/人	就业率/%
农林类	170 086	158 111	92.96
资源与环境类	64 565	61 846	95.79
能源类	76 732	73 396	95.65

续表

专业类别	毕业生数/人	就业人数/人	就业率/%
土木水利工程类	139 695	134 376	96.19
加工制造类	1 005 748	987 475	98.18
交通运输类	168 294	164 747	97.89
信息技术类	998 026	968 138	97.01
医药卫生类	312 375	296 843	95.03
商贸与旅游类	375 807	362 062	96.34
财经类	301 869	286 996	95.07
文化艺术与体育类	199 154	186 885	93.84
社会公共事务类	147 927	140 377	94.90
其他类	313 833	296 038	94.33

从专业分类看，就业情况最好的专业是加工制造业，就业率高达98.18%；其次是交通运输类和信息技术类，就业率分别为97.89%和97.01%；商贸与旅游类和土木水利工程类就业率均在96%以上，处在中等职业学校毕业生就业率的平均水平；其他专业就业率均低于中等职业学校毕业生就业率的平均水平，但高于90%。

从毕业生数量看，加工制造类专业毕业生数量最多，为100.57万人，占毕业生总数的23.53%；其次是信息技术类，毕业生数为99.8万人，占毕业生总数的23.35%。最少的是资源与环境类专业，毕业生数为6.46万人，占毕业生总数的1.51%。

三、各省（区、市）就业情况

新疆生产建设兵团、上海、宁波、山东、西藏、大连等地的中等职业学校毕业生就业率在98%以上，其中新疆生产建设兵团的就业率最高，为98.86%。

江西、厦门、四川、江苏、河南、浙江、广东等地中等职业学校毕业生就业率在96.33%以上，高于全国平均水平。

天津、安徽、广西、湖北、重庆、青海、湖南、青岛等地的中等职业学校毕业生就业率在96%左右，接近全国平均水平。

辽宁、河北、福建、陕西、北京、山西等地的中等职业学校毕业生就业率在95%以上，但与全国平均水平有一定差距。

海南、吉林、云南、甘肃、内蒙古、贵州、深圳、宁夏、黑龙江等地的中等职业学校毕业生就业率在 90% 以上，但低于 95%。

新疆中等职业学校毕业生就业率最低，为 88. 1%。

2007 年各省（区、市）中等职业学校毕业生就业情况见表 4-6-2。

表 4-6-2

地方	毕业生数/人	就业人数/人	就业率/%
新疆生产建设兵团	5 606	5 542	98. 86
上海	53 060	52 388	98. 73
宁波	29 101	28 722	98. 70
山东	394 091	388 228	98. 51
西藏	2 064	2 025	98. 11
大连	19 809	19 413	98. 00
江西	137 540	134 479	97. 77
厦门	6 302	6 155	97. 67
四川	221 293	215 590	97. 42
江苏	268 898	261 602	97. 29
河南	393 399	382 621	97. 26
广东	221 500	214 400	96. 79
浙江	208 361	201 544	96. 73
安徽	164 208	158 114	96. 29
天津	43 127	41 527	96. 29
广西	106 260	102 307	96. 28
重庆	154 703	148 824	96. 20
湖北	220 461	212 083	96. 20
青海	8 693	8 362	96. 19
湖南	316 132	303 536	96. 02
青岛	49 000	47 040	96. 00
辽宁	93 281	89 496	95. 94
河北	226 478	217 199	95. 90
福建	150 062	143 864	95. 87

续表

地方	毕业生数/人	就业人数/人	就业率/%
陕西	118 620	113 255	95.48
北京	45 569	43 412	95.27
山西	133 543	127 132	95.20
海南	15 549	14 710	94.60
吉林	47 172	44 600	94.55
云南	69 960	65 790	94.04
甘肃	70 627	66 389	94.00
内蒙古	58 693	55 099	93.88
贵州	55 605	51 837	93.22
深圳	6 246	5 753	92.11
宁夏	18 496	17 035	92.10
黑龙江	115 422	105 034	91.00
新疆	25 180	22 183	88.10

2006 年中等职业学校毕业生就业情况

2006 年全国中等职业学校毕业生数（不含技工学校毕业生）为 364.25 万人，就业学生数为 348.25 万人，就业率为 95.60%。

一、总体情况

就业去向情况：到各种所有制企、事业单位就业的毕业生数为 255.05 万人，占就业学生数的 73.23%；合法从事个体经营的毕业生数为 36.19 万人，占就业学生数的 10.40%；升入各类高一级学校的毕业生数为 57.01 万人，占就业学生数的 16.37%。

各产业就业分布情况：从事第一产业的毕业生数为 25.45 万人，占就业学生数的 7.31%；从事第二产业的毕业生数为 134.15 万人，占就业学生数的 38.53%；从事第三产业的毕业生数为 188.65 万人，占就业学生数的 54.16%。

本地、异地和境外就业情况：在本地就业的毕业生数为 219.24 万人，占就业学生数的 62.95%；到异地就业的毕业生数为 127.20 万人，占就业学生数的 36.53%；到境外就业的毕业生数为 1.81 万人，占就业学生数的 0.52%。

就业渠道情况：通过学校推荐就业的毕业生数为 274.32 万人，占就业学生数的 78.77%；通过中介介绍就业的毕业生数为 33.90 万人，占就业学生数的 9.74%；通过其他渠道就业的毕业生数为 40.03 万人，占就业学生数的 11.49%。

二、专业大类就业情况

从各专业类具体就业情况来看，加工制造类专业就业情况最好，为 97.55%；土木水利工程类、商贸与旅游类、交通运输类、信息技术类专业紧随其后，就业率分别为 96.80%、96.44%、96.26%、96.10%；资源与环境类、能源类、财经类、社会公共事务等专业就业率均在 95%以上，处在中等职业学校毕业生就业率的平均水平；医药卫生类、文化艺术与体育类专业就业率低于全国平均水平，但高于 90%；农业类专业就业率最低，为 89.75%。

从毕业生数量看，信息技术类专业毕业生数量最多，为 88.47 万人，占毕业生总数的 24.29%；其次是加工制造类专业，毕业生数为 78.95 万人，占毕业生总数的 21.67%。毕业生数最少的是资源与环境类、能源类专业，分别为 4.54 万人和 5.51 万人，分别占毕业生总数的 1.25%和 1.51%。

三、各省（区、市）就业情况

上海、浙江、江西、山东、河南、四川、大连、宁波、厦门等地中等职业学校毕业生就业率在 97%以上，其中上海、宁波、大连最高，分别为 98.55%、98.41%、98.30%；天津、江苏、安徽、湖北、湖南、广东、重庆、陕西、青岛、深圳等地中等职业学校毕业生就业率在 96%以上，高于全国平均水平；辽宁、广西、青海等地中等职业学校毕业生就业率在 95%以上，接近或略高于全国平均水平；北京、河北、内蒙古、吉林、黑龙江、福建、海南、甘肃、贵州、云南、宁夏、新疆生产建设兵团等地的中等职业学校毕业生就业率在 90%以上，但低于全国平均水平；山西、西藏中等职业学校毕业生就业率在 90%以下，分别为 87.14%和 86.34%。